财务管理案例

Financial Management Case

魏 静 主编

云南大学出版社
YUNNAN UNIVERSITY PRESS

图书在版编目（CIP）数据

财务管理案例 / 魏静主编. -- 昆明：云南大学出版社，2022
　　ISBN 978-7-5482-4676-3

Ⅰ. ①财… Ⅱ. ①魏… Ⅲ. ①财务管理—案例 Ⅳ. ①F275

中国版本图书馆CIP数据核字(2022)第096713号

策划编辑：徐　曼
责任编辑：周　飞
封面设计：刘　雨

财务管理案例
CAIWU GUANLI ANLI

魏　静　主编

出版发行：云南大学出版社
印　　装：昆明理煌印务有限公司
开　　本：787mm×1092mm　1/16
印　　张：10.375
字　　数：250千
版　　次：2022年7月第1版
印　　次：2022年7月第1次印刷
书　　号：ISBN 978-7-5482-4676-3
定　　价：34.00元

社　　址：昆明市翠湖北路2号云南大学英华园内
邮　　编：650091
电　　话：（0871）65031070　65033244　65031071
网　　址：http://www.ynup.com
E-mail：market@ynup.com

若发现本书有印装质量问题，请与印厂联系调换，联系电话：64167045。

前　言

　　《财务管理案例》一书是云南省首批一流专业"财务管理专业"和云南省第二批线下一流课程"财务管理"的阶段性成果。本书为读者提供了经典、热门和真实的财务管理案例素材，并对此进行了深入、专业的剖析。全书共分9章，每章2个案例，由18个案例组成，含16个中文案例和2个英文案例，内容涉及财务管理基础、货币的时间价值、筹资管理、投资管理、营运资金管理、收益分配管理、并购重组专题、股票回购/分割专题等。

　　本书从结构和内容的安排上，主要体现了以下四个特点：

　　1. 在案例的选取上充分体现了专业性、经典化和对当前热点问题的探讨。本书融合财务管理基本理论，每篇案例介绍了理论知识和政策背景，通过案例的分析和探讨，解释、佐证和检验理论，培养学生清晰的专业理念、较高的专业技能和敏锐的专业判断水准。

　　2. 充分考虑和满足不同教学设计的需要。案例内容基本涵盖了财务管理的基本原理和知识点。在每个案例的内容架构上，不仅包含引言、案例公司简介、案例过程和案例分析部分，还增加了案例教学设计环节，提供了不同的教学思路。

　　3. 植入思政理念。深入贯彻全国高校思想政治工作会议和全国教育大会精神，落实立德树人根本任务，适当引入思政教育理念，每个案例中均设置了"课堂思政"专题，融入人文历史、科技发展和绿色环保等思政元素。

　　4. 适当加入英文案例，满足不同层次读者的需要。

　　本书可作为高校财务管理、会计专业的财务管理案例教材或教师辅助教材，或作为学习初级、中级和高级财务管理理论的课外参考书，也可作为财务管理工作者和会计工作者的参考读物。

　　本书由昆明学院经济管理学院魏静老师拟定写作大纲并组织编写。具体编写分工如下：第一章和第六章由魏静老师执笔；第二章和第八章由张蕾老师执笔；第三章和第七章由李姗姗老师执笔；第四章和第五章由屈少晶老师执笔；第九章由杨傲老师执笔。全书由魏静老师修改和统稿。

在本书的编写过程中,作者参阅了大量的国内外文献资料,在此,向这些文献资料的作者表示衷心的感谢!书中的不妥或错误之处,敬请读者批评指正。

此外,2021年6月,由昆明学院经济管理学院财务管理学教学团队精心打造的《财务管理案例》慕课在智慧树网成功上线并运营,各位读者朋友可扫描下方二维码查看课程基本信息和部分视频内容;课程完整内容学习需注册平台账号,或下载课程APP登录学习。

编 者

2022年5月

目 录

第一章 财务管理的目标及协调 ··· (1)
 第一节 财务管理目标与企业社会责任——以腾讯为例 ··············· (1)
  一、案例内容 ··· (1)
  二、案例分析：社会责任与企业财务管理目标的融合 ············· (7)
  三、教学设计 ··· (8)
  四、理论链接和延伸阅读 ·· (9)
  参考文献 ··· (10)
 第二节 所有者与经营者之间的利益之争——以万科为例 ············· (11)
  一、案例内容 ··· (11)
  二、案例分析 ··· (17)
  三、教学设计 ··· (19)
  四、理论链接和延伸阅读 ·· (20)
  参考文献 ··· (22)

第二章 货币的时间价值 ··· (24)
 第一节 银行个人住房贷款还款方式比较 ································ (24)
  一、案例内容 ··· (24)
  二、案例分析 ··· (24)
  三、教学设计 ··· (31)
  四、理论链接和延伸阅读 ·· (32)
  参考文献 ··· (34)
 第二节 揭开"校园贷"的神秘面纱——复利终值和现值的计算 ······· (34)
  一、案例内容 ··· (34)
  二、案例分析 ··· (35)
  三、教学设计 ··· (37)
  四、理论链接和延伸阅读 ·· (38)
  参考文献 ··· (39)

第三章 筹资管理 (40)

第一节 RT有限责任公司两次分拆上市 (40)
一、案例内容 (40)
二、案例分析 (42)
三、教学设计 (43)
四、理论链接和延伸阅读 (45)
参考文献 (46)

第二节 NH国际融资案例 (46)
一、案例内容 (46)
二、案例分析 (48)
三、教学设计 (50)
四、理论链接和延伸阅读 (51)
参考文献 (53)

第四章 投资管理案例 (54)

第一节 另类的银行理财产品——A银行"原油宝" (54)
一、案例内容 (54)
二、案例分析和启示 (59)
三、教学设计 (60)
四、理论链接和延伸阅读 (62)
参考文献 (63)

第二节 疫情引发的新项目投资——比亚迪投资生产口罩 (64)
一、案例内容 (64)
二、案例分析 (67)
三、教学设计 (69)
四、理论链接和延伸阅读 (71)
参考文献 (71)

第五章 营运资金管理案例 (72)

第一节 美的集团存货管理——基于供应链的角度 (72)
一、案例内容 (72)
二、案例分析 (76)
三、教学设计 (77)
四、理论链接和延伸阅读 (78)
参考文献 (79)

第二节 "海天味业"的OPM战略 (79)
一、案例内容 (79)
二、案例分析 (80)

三、教学设计 ··· (84)
　　四、理论链接和延伸阅读 ··· (85)
　参考文献 ··· (86)

第六章　收益分配管理案例 ·· (88)
　第一节　上市公司"高送转"案例——以H公司为例 ························· (88)
　　一、案例内容 ··· (88)
　　二、案例分析：H公司"高送转"动因 ··· (92)
　　三、教学设计 ··· (94)
　　四、理论链接和延伸阅读 ··· (95)
　参考文献 ··· (97)
　第二节　洋河股份高派现案例 ··· (98)
　　一、案例内容 ··· (98)
　　二、案例分析：洋河股份高派现动因分析 ··································· (102)
　　三、教学设计 ··· (104)
　　四、理论链接和延伸阅读 ··· (106)
　参考文献 ··· (109)

第七章　并购与重组专题 ·· (111)
　第一节　HT钢铁重组 ··· (111)
　　一、案例内容 ··· (111)
　　二、案例分析 ··· (113)
　　三、教学设计 ··· (114)
　　四、理论链接和延伸阅读 ··· (115)
　参考文献 ··· (116)
　第二节　学生研习案例——HE并购GE ·· (116)
　　一、案例内容 ··· (116)
　　二、案例分析 ··· (118)
　　三、教学设计 ··· (119)
　　四、理论链接和延伸阅读 ··· (120)
　参考文献 ··· (121)

第八章　股票回购与股票分割案例 ·· (123)
　第一节　股票回购的动机和效应分析——以A公司为例 ···················· (123)
　　一、案例内容 ··· (123)
　　二、案例分析 ··· (126)
　　三、教学设计 ··· (131)

四、理论链接和延伸阅读 ……………………………………………………（132）
　　参考文献 ……………………………………………………………………（135）
 第二节　股票分割——以 Google 双层股权结构为例 …………………………（135）
　　一、案例内容 …………………………………………………………………（135）
　　二、案例分析 …………………………………………………………………（136）
　　三、教学设计 …………………………………………………………………（138）
　　四、理论链接和延伸阅读 ……………………………………………………（139）
　　参考文献 ……………………………………………………………………（141）

第九章　英文案例 ……………………………………………………………………（142）
 Case One　M&A Case in English …………………………………………………（142）
 ANTA Leading Chinese Investor Consortium Acquires Amer Sports …………（142）
　　1　Case Contents …………………………………………………………（142）
　　2　Case Analysis—Process of M&A ……………………………………（145）
　　3　Case Design ……………………………………………………………（146）
　　4　Theoretical Link and Extended Reading ……………………………（147）
　　References …………………………………………………………………（149）
 Case Two　IPO Case in English …………………………………………………（150）
 iQIYI, Inc.'s IPO in NASDAQ ……………………………………………………（150）
　　1　Case Contents …………………………………………………………（150）
　　2　Case Analysis of iQIYI ………………………………………………（151）
　　3　Case Design ……………………………………………………………（153）
　　4　Theoretical Link and Extended Reading ……………………………（154）
　　References …………………………………………………………………（156）

第一章 财务管理的目标及协调

第一节 财务管理目标与企业社会责任——以腾讯为例

一、案例内容

（一）引言

2019年12月开始，一场新型冠状病毒肺炎疫情导致很多小微企业甚至中型企业面临倒闭的风险，中央、各省市纷纷出台减税、免税政策，同时加大财政支出力度，以帮助企业渡过难关。此外，一批大型企业挺身而出，慷慨解囊，其中，以马化腾等为代表的企业家再次伸出援助之手，以解燃眉之急。类似腾讯这样的公司内部专门成立了慈善基金会，并以此为基础进行持续的慈善捐赠。学过经济学理论的我们都知道，企业的目标是利润最大化，而持续的捐赠行为似乎与企业的目标不符。这不禁让我们深思，企业的目标到底是什么？或者财务管理的目标到底是什么？越来越多的企业家开始重视企业的社会责任，不再将股东利益至上作为目标，而是兼顾股东、债权人、员工、社会等一系列相关者的利益。这些企业的目标或财务管理的目标就是相关者利益最大化。

（二）腾讯及其公益基金会简介

深圳市腾讯计算机系统有限公司（以下简称"腾讯"）于1998年11月在中国深圳成立，创始人为马化腾、张志东、许晨晔、陈一丹、曾李青5位，是中国最大的互联网综合服务提供商之一，也是中国服务用户最多的互联网企业之一。腾讯以技术丰富互联网用户的生活，通过通信及社交软件微信和QQ促进用户联系，并助其连接数字内容和生活服务。通过高效广告平台，协助品牌和市场营销者接触到数以亿计的中国消费者。通过金融科技及企业服务，促进合作伙伴业务发展，助力实现数字化升级。此外，公司还大力投资人才队伍建设，推动科技创新，积极参与互联网行业协同发展。公司的主要业务架构详见图1-1。

图 1-1 腾讯业务架构图

数据来源：腾讯官网。

企业发展事业群。这是公司新业务孵化和新业态探索的平台，推动包括基础支付、金融应用在内的金融科技业务、广告营销服务和国际业务等领域的发展和创新。同时作为专业支持平台，为公司及各事业群提供战略规划、投资并购、投资者关系及国际传讯、市场公关等专业支持。

云与智慧产业事业群。推进云与产业互联网战略，依托云、安全、人工智能等技术创新，打造智慧产业升级方案。探索用户与产业的创新互动，打通产业上下游不同企业，联动线上线下的场景与资源，助力零售、医疗、教育、交通等产业数字化升级，同时协助企业更智能地服务用户，构建连接用户与商业的智慧产业新生态。

互动娱乐事业群。发展网络游戏、电竞等互动娱乐业务，打造一个从策划、研发、发行，运营及营销的垂直生态链。致力为中国以及全球游戏用户创造高品质产品，并通过在线游戏，直播和线下电竞赛事联动用户，提升总体游戏体验。

平台与内容事业群。推进互联网平台和内容文化生态融合发展，整合 QQ、QQ 空间等社交平台和应用宝、浏览器等流量平台，以及新闻资讯、视频、体育、直播、动漫、影业等内容平台，为内容生态创造更好的生长环境。同时，以技术驱动，推动 IP 跨平台多形态发展，为更多用户创造多样化的优质数字内容体验。

技术工程事业群。为公司及各事业群提供技术及运营平台支持、研发管理、数据中心的建设与运营，并为用户提供全线产品的客户服务。作为运营着亚洲最大网络、服务器集群和数据中心的事业群，并牵头腾讯技术委员会，通过内部分布式开源协同，加强基础研发，建设技术中台等措施，支持业务创新。

微信事业群。搭建和运营微信生态体系，依托微信基础平台，以及微信公众号、小程序、微信支付、企业微信、微信搜索等开放平台，为各行各业的智慧化升级提供解决方案和连接能力，同时开发和运营包括邮箱、通讯录、微信读书等产品。

2004 年 6 月 16 日，公司在香港联合交易所主板公开上市，股票代码为 00700，马化腾为董事会主席兼首席执行官。2019 年 12 月 31 日，第一大股东为 MIH TC，持股比例 31%；第二大股东为 Advance Data Services Limited，持股比例 8.38%。2021 年 4 月 7 日，MIH TC 减持腾讯约 2% 的股份，持股比例减至约 28.8%。（详见表 1-1）

表 1-1　腾讯股东结构

股东名称	好仓/淡仓	权益性质/身份	所持股份/相关股份数目	持股百分比
MIH TC	好仓	公司（附注1）	2,769,333,600	28.82%
Advance Data Services Limited	好仓	公司（附注2）	804,859,700	8.38%

数据来源：腾讯2021年报。

（三）腾讯社会责任观的实践

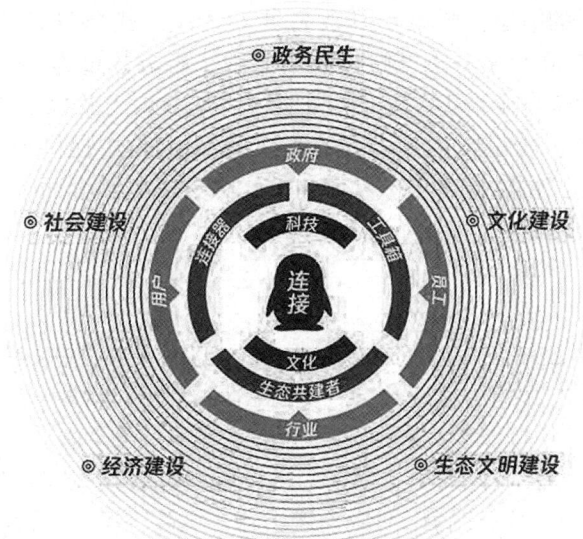

图 1-2　腾讯的社会责任观

成立20多年来，腾讯一直秉承一切以用户价值为依归的经营理念，坚持一切以用户价值为依归，将社会责任融入产品及服务之中；推动科技创新与文化传承，助力各行各业升级，促进社会的可持续发展。

2015年，民营企业100强公益发展指数平均得分为21.20分，近八成企业的公益事业仍处于旁观阶段，其中，腾讯位列第三位。2020年5月，人民日报中国品牌发展研究院发布首期"中国企业社会责任领先指数"[①]，腾讯排名首位。

此外，腾讯认为，企业追求可持续发展离不开利益相关方的理解和支持。企业应当有效管理和改善自身与利益相关方之间的相互影响，充分认识和回应利益相关方的要求。因

---

① 该指数是以ISO26000：2010《社会责任实施指南》为根据，遵循《公司法》对企业社会责任的总体要求，从企业社会责任治理能力和社会责任综合认可水平的双向维度，结合社会责任年度重要主题和议题，对中国品牌发展指数全样本企业社会责任绩效水平给予测评。

此，腾讯非常重视社会责任沟通工作。腾讯自2008年开始编写和发布企业社会责任报告。2019年底开始，腾讯陆续启动企业社会责任简报、专报和月报等系列工作，建立更加完善的报告体系。除报告外，腾讯积极探索更加多样化的社会责任沟通方式，如腾讯公益和社会责任主题展区、用户开放日（T-DAY）、员工家属开放日等。

1. 治理护航：建立透明阳光的治理体系

腾讯遵循《公司法》、香港联交所上市规则等法律法规及制度要求，构建起现代公司治理架构。腾讯致力于维持最高水平的公司管治，让投资者充分了解公司的管理和发展，为股东创造可持续的价值。具体包括：优化治理结构，强化公司内部管控；力行阳光准则，严格处理贪污舞弊；坚持数据有度，保障用户隐私安全。

2. 以人为本：员工是腾讯最大的财富

人才是腾讯最宝贵的财富。腾讯6万多名员工（注：截至2019年12月31日，腾讯共有雇员62 885名；2020年第一季度财报数据显示，雇员数量为64 238名）中有2万多名为技术工程师，他们来自全球18个国家和地区，其中硕士及以上学历者占50.2%，本科及以上学历者占98%。腾讯坚持"以人为本"，努力为员工提供丰厚的物质生活和精神文化保障，满足员工个性化成长需求。具体包括：为员工提供全面福利，让员工能够畅所欲言，为员工铺就成长之路。

3. 助力社会、保护环境

（1）慈善捐赠

2006年9月，腾讯公司发起筹备腾讯基金会，2007年6月由国家民政部注册，是中国第一家由互联网企业发起的公益基金会，由陈一丹担任荣誉理事长。腾讯公司捐赠原始基金2000万，并承诺每年按照利润的一定比例持续捐赠。秉承着"人人可公益的创联者"的理念，腾讯基金会推动互联网与公益慈善事业的深度融合与发展，通过互联网的技术和服务推动公益行业的发展；以"腾讯网络捐赠平台""益行家""腾讯公益网"等产品为平台，培养亿万网友的公益习惯，推动人人可公益的生态建设。此外，腾讯基金会通过"为村开放平台""腾讯立体救灾"等项目，在乡村发展、教育、扶贫、紧急救灾、员工公益等多个领域长期探索互联网与公益结合的前沿与可能。

福布斯中国慈善榜统计了中国企业每年的慈善捐赠上榜情况，如表1-2所示，2010年至2021年期间，除2011年和2012年外，腾讯年慈善捐赠总额均保持在前10名以内，尤其是2016年和2017年连续两年蝉联榜首。

表1-2 福布斯中国慈善榜之腾讯排名

年份	排名	现金捐赠总额（万元）	主要捐赠
2021	3	260,000	设立国内战疫基金、全球战疫基金
2020	6	85,000	腾讯公益基金会
2019	4	73,084	腾讯公益基金会
2018	4	82,000	腾讯公益基金会
2017	1	236,967	腾讯公益基金会

续 表

年份	排名	现金捐赠总额（万元）	主要捐赠
2016	1	29,200	腾讯公益基金会
2015	4	32,634	腾讯公益基金会
2014	8	合计 53,000 万元	腾讯公益基金会
2013	6		腾讯公益基金会
2012	11		腾讯公益基金会
2011	21		腾讯公益基金会
2010	7		腾讯公益基金会

数据来源：https://www.forbeschina.com/.

此外，2008年汶川大地震后，由腾讯基金会发起设立和运营的腾讯公益平台，是民政部根据《慈善法》指定的20家互联网募捐信息平台之一，也是其中累计筹款金额最大的平台。

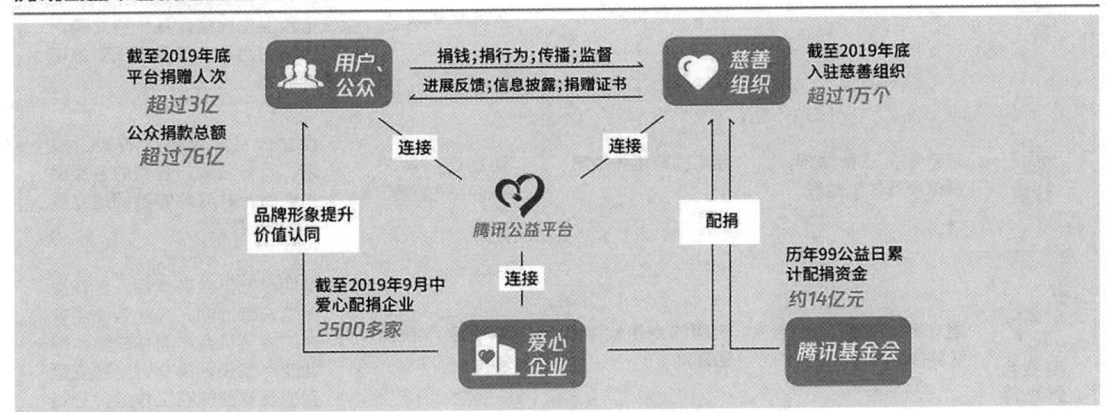

图 1-3 腾讯公益平台捐赠生态

数据来源：腾讯社会责任报告。

（2）火线驰援：从中国到世界，展示科技本色

新冠肺炎疫情肆虐全球，不仅严重威胁人类生命健康，也给生产和生活造成沉重和持续的打击。在这场没有硝烟的"战疫"中，腾讯一直在与时间赛跑，先后设立15亿人民币国内战疫基金和1亿美元全球战疫基金，并不遗余力地提供科技能力支持，持续为全球"战疫"贡献力量。

（3）守护绿色家园

地球是人类赖以生存的家园，生态保护是人类的共同责任。腾讯始终坚持绿色运营，以大数据、云计算、人工智能技术提供生态环保解决方案，带动亿万公众践行可持续生活,为共建生态城市、守护绿色地球做出应有贡献。具体包括:低碳运营,环保从自身做起;科技助力,一起打造环保社区;面向未来,倡导绿色发展理念。

利益相关方一览

维度	必尽责任诉求	应尽责任诉求	愿尽责任诉求	责任沟通与实践
用户	提供稳定、可靠的科技和文化产品服务	及时倾听用户声音,持续改善服务品质	创新产品,引领用户新的生活方式	从用户需求出发,提出科技+文化战略,满足用户体验需求,从产品、技术、设计等方面开展创新,为用户创造新的移动生活价值
股东	完善的经营模式,合理的投资回报	及时、准确、全面、合法的公司财务、经营信息披露	面对面、多种互动形式的投资者沟通活动	建立完善的董事会,按季度公布业绩,定期举行股东大会和股东特别大会,建立专门的投资者关系部,积极与股东和投资者交流
员工	合理、健全的员工保障体系	关爱员工,提供培训与发展机会	建立多元的企业文化氛围	建立专门的人力资源部,统筹劳动保障体系,设立专门的OHS委员会,推进员工职业安全和卫生保证体系;设立腾讯学院,为员工提供不间断的培训机会
政府	遵守相关法律法规,诚信经营依法纳税	落实国家相关政策	协助政府解决社会民生问题	设立公共事务部,统筹、规划、执行与政府合作的各类相关项目,并与政府部门建立良好的沟通机制
商业合作伙伴	遵守商业道德、杜绝贿赂	定期的合作伙伴沟通活动	帮助合作伙伴成长	定期举行供应商大会、合作伙伴论坛等活动,沟通合作中存在的发展机会与潜在缺陷,帮助伙伴成长;设立完全独立运营的反商业贿赂工作组,杜绝任何损害商业合作伙伴的行为
公益组织	参与公益慈善,进行合理适度的捐赠	创新公益活动形式,提升影响力	帮助公益组织成长	搭建互联网慈善平台,开放技术、产品和数据能力,为各类公益慈善组织开展公众募捐、项目管理、品牌传播和财务披露等提供数字科技支撑
所处社区	将互联网工具与社区发展相结合	针对特定事件的定向捐赠	探索公益性项目	通过腾讯基金会向社区发展项目做定向捐赠,为社区建设贡献资金和资源;利用互联网技术优势,推进智慧社区建设

图1-4 腾讯主要利益相关方

数据来源:腾讯社会责任报告。

二、案例分析：社会责任与企业财务管理目标的融合

表1-3　2012—2020年腾讯主要财务指标

年份	净利润（亿元）	每股经营现金流（元）	每股收益（元）	ROA（%）	ROE（%）	经营现金流/营业收入（%）
2012	127.32	10.4835	6.9650	19.2819	36.5012	44.2648
2013	155.02	13.0894	8.4640	16.9893	31.2405	40.3296
2014	238.10	3.4908	2.5790	17.1048	34.5178	41.4420
2015	288.06	4.8311	3.0970	12.0531	28.7991	44.1665
2016	410.95	6.9133	4.3830	11.6960	27.8933	43.1215
2017	715.10	11.1737	7.5980	15.0457	33.2066	44.6417
2018	787.19	11.1806	8.3360	12.3172	27.1640	34.0406
2019	933.10	15.5549	9.8560	11.1248	24.6781	39.3836
2020	1598.47	20.2336	16.8440	13.9762	28.1250	40.2683

数据来源：根据腾讯控股各年年报整理所得。

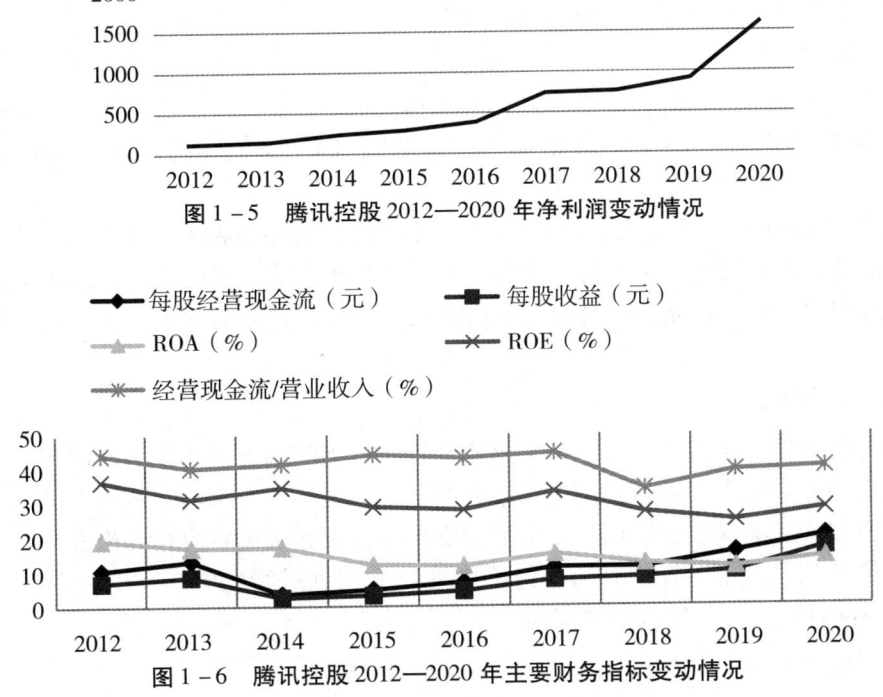

图1-5　腾讯控股2012—2020年净利润变动情况

图1-6　腾讯控股2012—2020年主要财务指标变动情况

由表1-3及图1-5、图1-6可知，腾讯在履行社会责任的主要年份中，净利润、每

股经营现金流和每股收益基本呈逐年递增趋势，ROA、ROE和财务质量指标（经营现金流/营业收入）基本呈平缓波动趋势。由此可见，腾讯不仅实践了企业创立时的使命，同时也为企业带来了财富，实现了股东利益与其他利益相关者利益的双赢，将企业社会责任真正融入到了财务管理目标中。

三、教学设计

（一）教学目的

通过对本案例的学习，可缩短教学情境与公司实际情境的距离，做好财务管理理论与公司实践的有效衔接。具体要求学生在理论层面掌握公司财务管理的主要目标、优缺点；在实践层面了解腾讯财务管理目标的现实选择，在思政层面对上述案例公司财务管理目标的实践进行思考和总结，在教学层面了解公司财务案例的讲授方法和注意事项，在科研层面了解公司财务案例素材的收集、整理以及案例论文的写作方法。

（二）课程思政

1. 要求学生学习马化腾这种"舍小家为大家""抛私利为公利"的企业家精神，树立积极向上的世界观、人生观和价值观。

2. 要求学生对社会主义核心价值观进行深入的思考，做到爱国、诚信、爱岗、敬业，将个人理想和事业追求融于国家发展和社会的进步之中，成为一个具有社会责任意识的好公民。

3. 要求学生思考腾讯如何将社会责任观融入企业的财务管理目标，讨论股东财富最大化目标与相关者利益最大化目标如何做到统一。

（三）教学方法

本案例教学采用"情境式"教学法，具体做法如下：

1. 强调案例课程的学习特点要把握"三环节"，即"全面预习" + "积极讨论" + "提炼反思" = "案例学习"。

2. 采用"情境式"教学方法，让学生通过阅读，熟悉案例和相关资料，抓住主线，进入事实情境和设定情境，启动自身全部经验、知识和热情，围绕主线，消化案例材料中所含的所有相关信息，最充分、自由地表达意见；同时，教师给学生以适当的分析、提示和启发。

（四）教学过程

1. 引导性讲授。由教师对本节相关理论知识点以提问的方式进行全面回顾。
2. 案例讲授。由教师进行案例的详细介绍。
3. 讨论发言。案例讲解结束后，全班同学对本案例相关内容进行讨论发言。
4. 总结评论。由主讲教师对师生讨论中涉及的问题进行归纳，对引导性讲授内容进行补充，并回答同学和其他教师的提问。

（五）课前准备

1. 教师：熟悉教材和教学大纲；通过"雨课堂""课堂派"等在线平台发放案例资料和要求；组织集体备课，妥善安排课堂的讲授与讨论内容上的配合；书写教案，再次讲授同样内容时，根据前次授课效果及时反馈意见并进行适当调整。

2. 学生：课前详细阅读本案例相关内容和要求，充分准备讨论的问题。

（六）课后要求

1. 了解学生对教学的反应，通过"雨课堂""课堂派"等在线平台对课后作业进行督导，并对普遍性问题及时加以解释。

2. 了解听课教师对自己授课情况的评价和建议，发现问题及时改进。

3. 学生应该及时完成课后作业，通过延伸阅读，搜集相近案例资料，为案例的选材及课程论文和毕业论文的写作积累素材。

四、理论链接和延伸阅读

（一）理论知识

财务管理的目标是企业理财活动所希望实现的结果，是评价企业理财活动是否合理的基本标准。财务管理目标制约着财务运行的基本特征和发展方向，是财务运行的一种驱动力。不同的财务管理目标，会产生不同的财务管理运行机制；科学地设置财务管理目标，对优化理财行为，实现财务管理的良性循环，具有重要意义。中外关于财务管理目标问题，争议一直较大，我国和西方国家广泛应用的观点主要有如下四个：

一是产值最大化。在传统的计划经济管理模式下，企业的财产所有权与经营权高度集中，企业的主要任务就是执行国家下达的总产值目标，企业领导人职位的升迁、职工个人利益的多少均由完成产值计划指标的程度来决定，这就决定了企业必然要把总产值作为企业经营的主要目标。随着时间的推移，人们逐渐认识到，这一目标存在如下缺点：只讲产值，不讲效益；只讲数量，不求质量；只抓生产，不抓销售；只重投入，不讲挖潜。因此，把总产值最大化当作财务管理的目标，是不符合财务运行规律的。

二是利润最大化。利润最大化目标是指通过对企业财务活动的管理，不断增加企业利润，使利润达到最大。20世纪50年代以前，西方财务管理理论界一直认为利润最大化是财务管理的最优目标。该目标的优点在于通过经济核算、加强管理、改进技术，能够提高劳动生产率、降低产品成本，从而提高经济效益。但以利润最大化作为财务管理的目标存在以下缺点：没有考虑利润发生的时间、货币的时间价值和风险因素，会使财务人员不顾风险去追求最多的利润，使财务决策带有短期行为倾向。

三是股东财富最大化。股东财富最大化是指通过财务上的合理经营，为股东带来最多的财富。根据资本市场有效性假说，股票价格是衡量股东财富最有力的指标。相比利润最大化目标，股东财富最大化目标的优点在于：反映了货币时间价值（股票价格受到企业每股预期收益大小及取得时间的影响，在一定程度上能够克服公司在追求利润上的短期行为）、考虑了风险因素（风险高低会对股票价格产生重要影响）、反映了资本与收益之间的关系（股票价格是对每股股票的一个标价，反映的是单位投入资本的市场价格）。但是，股东财富最大化目标也存在一些缺点：只适用于上市公司、只强调股东的利益、股票价格受多种因素影响。

四是相关者利益最大化。企业的利益相关者包括：投资者、债权人、客户、供应商、政府和社会等。持该观点的人认为，股东财富最大化目标没有将公司更多的利益相关方考虑进去，诸如债权人、职工、社会等，而公司的价值是这些利益相关方共同作用和相互妥协的结果。从理论上讲，各个利益相关方的目标都可以通过公司长期稳定发展和不断增长而实现，从而使公司的价值达到最大化。因此，持该观点的人认为，相比股东财富最大化目标，以相关者利益最大化作为财务管理的目标更加科学。而"股东财富最大化"观点的持有者认为，相关者利益最大化只是放松了股东财富最大化的一些约束条件，因此这种观点并没有与股东最大化形成本质上的区别；相反，由于很难找到一个指标将相关者利益全部反映进来，因此目前在实践中较难操作。

根据利益相关者理论，以营利为主要目标的企业理应履行社会责任，这也可以为企业带来诸多益处，比如获取关键资源、增强外界认同度、创造更好的社会声誉等。通常情况下，从事慈善活动是企业履行社会责任的一个重要组成部分。除企业内部的直接捐赠计划外，企业捐资发起设立基金会成为其间接从事慈善活动的一种新途径。通过腾讯将社会责任很好地融入企业财务管理目标的实例，我们认为，在一定约束条件下，如公司债权人、员工及政府的利益受到完全的保护时，股东财富最大化与相关者利益最大化可以协调一致。

(二) 延伸阅读

[1] 高翠莲，王阳．企业财务管理目标与企业社会责任[J]．会计之友，2011 (18)：41—43．

[2] 刘贵生，杨碧玲．财务管理目标的再思索[J]．财经理论与实践，2000 (04)：89—90．

[3] 宁永志．财务管理目标与企业社会责任协调的探讨[J]．会计之友（下旬刊），2010 (01)：25—26．

[4] 王化成．财务管理目标的国际比较和我国企业的现实选择[J]．财会月刊，2000 (08)：9—12．

[5] 王化成．再论财务管理目标[J]．财务与会计，1999 (03)：3—5．

[6] 王庆成．财务管理目标的思索[J]．会计研究，1999 (10)：3—5．

[7] 温素彬．基于可持续发展战略的财务管理目标：理论框架与现实证据[J]．管理学报，2010，7 (12)：1857—1862．

[8] 谢志华．财务管理目标的历史演进及其成因[J]．财务研究，2015 (01)：4—11．

[9] 张培清．利润最大化：企业财务管理的合理目标[J]．财经科学，2000 (02)：92—96．

[10] 张先治．中国企业财务管理目标探讨[J]．会计研究，1997 (11)：14—18．

[11] 周守华，杨惠敏．从公司治理结构透视财务管理目标[J]．会计研究，2000 (09)：7—11．

参考文献

[1] Brønn P S, Vidaver-Cohen D. Corporate Motives for Social Initiative: Legitimacy, Sustainability, or the Bottom Line? [J]. Journal of Business Ethics, 2009, 87 (S1): 91-109.

[2] Carroll A B. The Pyramid of Corporate Social Responsibility: Towards the Moral Man-

agement of Organization Stakeholders [J]. Business Horizons, 1991, 34 (4): 39-48.

[3] Freeman R E, Reed D L. Stockholders and Stakeholders: A New Perspective on Corporate Governance [J]. California Management Review, 1983, 25 (3): 88-106.

[4] Fry L W, Keim G D, Meiners R E. Corporate Contributions: Altruistic or For-profit? [J]. Academy of Management Journal, 1982, 25 (1): 94-106.

[5] King B G, Whetten D A. A Social Identity Formulation of Organizational Reputation and Legitimacy [J]. Corporate Reputation Review, 2008, 11 (3): 192-207.

[6] Minciullo M, Pedrini M. Knowledge Transfer between For-profit Corporations and Their Corporate Foundations: Which Methods are Effective? [J]. Nonprofit Management & Leadership, 2015, 25 (3): 215-234.

[7] Petrovits C M. Corporate-sponsored Foundations and Earnings Management [J]. Journal of Accounting and Economics, 2006, 41 (3): 335-362.

[8] Rumsey G G, White C. Strategic Corporate Philanthropic Relationships: Nonprofits'Perceptions of Benefits and Corporate Motives [J]. Public Relations Review, 2009, 35 (3): 301-303.

[9] 腾讯官网: https://www.tencent.com/zh-cn.

[10] 腾讯公益基金会官网: https://gongyi.qq.com.

第二节 所有者与经营者之间的利益之争——以万科为例

一、案例内容

(一) 引 言

万科企业股份有限公司自1984年成立以来，先后遭遇两次重大的控制权之争，一次是1994年的"君万"事件（1994.3.30—4.4），另一次是2015年的"宝万"事件。在中国上市公司以股权高度集中为主要特征的股权结构背景下，万科高度分散的股权结构以及优良的业绩成为野蛮者入侵的对象。先后历经6天和两年半的控制权争夺战，最终以野蛮入侵者的失败告终。

在中国，利益冲突的焦点大多集中在大股东与中小股东的矛盾上，而所有者与经营者之间的利益冲突较少。本节选取万科为研究对象，具有一定的典型性和代表性。

(二) 公司基本情况

万科企业股份有限公司（以下简称"万科"）成立于1984年，由王石创立，总部设在深圳。经过三十余年的发展，万科已成为国内领先的城乡建设与生活服务商，公司业务聚焦全国经济最具活力的三大经济圈及中西部重点城市。1991年1月29日公司发行的A股在深交所上市，1993年5月28日公司发行的B股在深交所上市，2014年6月25日公司B股以介绍方式转换上市地，在香港联交所主板（H股）上市。2016年公司首次跻身《财富》"世界500强"，位列榜单第356位，2017、2018、2019年公司接连上榜，分别位列榜单第 307 位、第 332 位、第 254 位。截至 2021 年 12 月 31 日，公司实现营业收入 452,797,773,974.14 元，比上年增长 8.04%；营业利润 52,530,997,237.25 元，比上年增长 -34.30%；归属于上市公司股东的净利润 22,524,033,383.22 元，比上年增长 -45.75%。

王石、郁亮先后为万科董事会主席。一直以来，公司推崇"职业经理人"管理制度，股权高度分散。1997 年以前，公司最大股东持股比例始终小于 9%；1998 年，公司前十大股东持股比例合计为 23.95%；2000 年，国企华润集团成为第一大股东，持股比例为 12.37%；截至 2021 年 12 月 31 日，深铁集团持有公司 A 股股份 3,242,810,791 股，占公司股份总数的 27.89%，为公司的第一大股东①（具体见图 1-7），但仍未改变公司股权分散的局面。

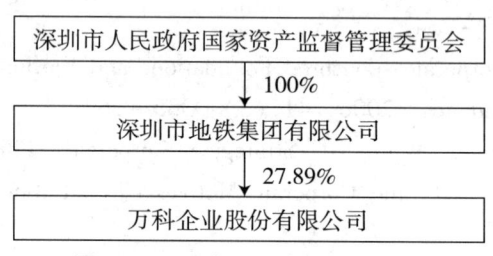

图 1-7　万科 2021 年股权结构图

数据来源：万科 2021 年年报。

宝能系是以深圳市宝能投资集团有限公司为中心的资本集团，其中，宝能投资集团有限公司（以下简称"宝能"）于 2000 年 3 月在深圳成立，注册资本 3 亿元，为个人独资有限责任公司，集团现任董事长姚振华持股 100%，是公司唯一的股东。宝能集团旗下有综合物业开发、金融、现代物流、文化旅游和民生产业等五大板块，控股宝能地产、前海人寿、钜盛华等多家子公司（图 1-8）。

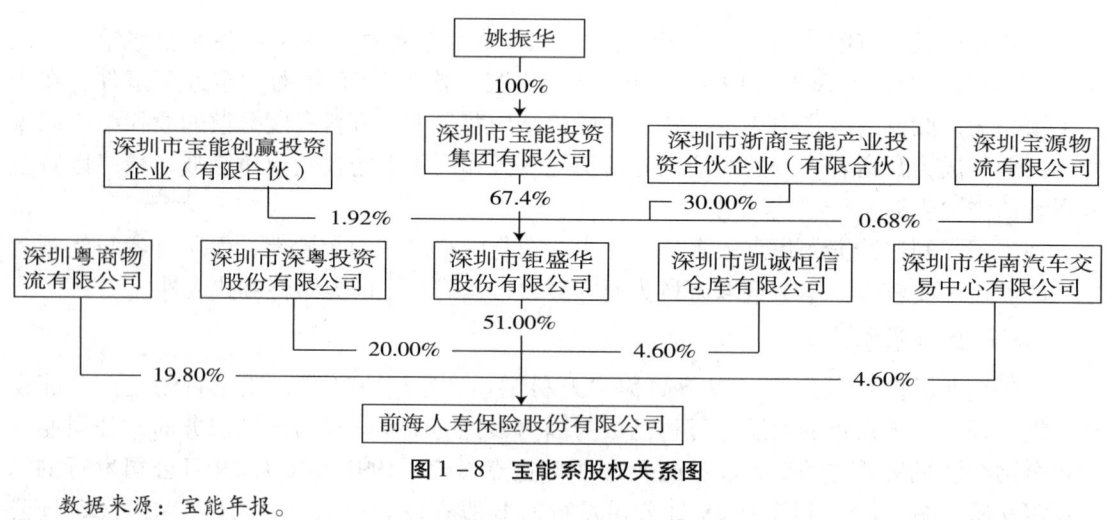

图 1-8　宝能系股权关系图

数据来源：宝能年报。

---

①　注：以上数据来自万科各年年报。

(三) 案例过程

1. 第一阶段（2015年1月-12月）：宝能系五次举牌，万科大股东易主宝能系。

宝能系旗下前海人寿于2015年1月开始通过证券交易所买入万科A股股票，截至7月10日，前海人寿耗资80亿元买入万科A股约5.52亿股，占万科A股总股本的比例约5%。7月24日，钜盛华及其一致行动人①前海人寿对万科二度举牌，持有万科股份11.05亿股，占万科总股本的10%。8月26日，钜盛华和一致行动人通过第三次举牌，持有万科股份增至15.04%，取代华润成为万科第一大股东。华润在2015年8月31日和9月1日大量购入万科股份，耗资约为4.97亿元，持股比例升至15.29%，夺回第一大股东之位。12月4日，宝能系引进资管计划②（见表1-4、1-5），第四次举牌万科，持股比例增至20.008%。12月10日，钜盛华花费资金36.92亿元购入万科H股1.91亿股，每股平均价格19.33元。12月11日，钜盛华再度花费资金15.51亿元买入万科H股7864万股，每股均价19.728元，短短两日总共增持52.43亿元。截至12月11日，宝能系共持有万科约22.45%的股份。2015年12月18日，万科因重大资产重组事项宣布紧急停牌。截至2015年12月31日，钜盛华及其一致行动人合计持有万科A股股份26.81亿股，占公司股份总数的24.26%，为万科第一大股东（详见图1-9和表1-6）。

表1-4 宝能系资产管理计划明细（2015.11.27—12.4）

资产管理人	资管计划名称	交易日期	价格区间（元）	证券数量（股）	占比
南方资本管理有限公司	安盛1号	11.27—12.02	14.37—18.24	97,649,123	0.884%
	安盛2号	12.01—12.02	15.42—18.24	89,724,515	0.812%
	安盛3号	12.02	16.54—18.24	84,540,563	0.765%
	广钜1号	12.02—12.03	17.63—19.03	163,481,676	1.479%
	小计			435,395,877	3.940%
泰信基金管理有限公司	泰信1号	12.03—12.04	18.56—19.80	82,699,426	0.748%
西部利得基金管理公司	西部利得金裕1号	12.04	19.20—19.50	12,600,000	0.114%
	西部利得宝禄1号	12.04	19.34—19.80	18,395,698	0.166%
	小计			30,995,698	0.280%
——	合计			549,091,001	4.969%

备注：截至2015年12月4日，钜盛华通过资管计划在深圳证券交易所证券交易系统集中竞价交易买入万科A股股票，占万科现有总股本的4.969%。本次权益变动后，钜盛华和前海人寿合计持有万科20.008%的权益。

---

① 一致行动人指几个股东同时收购某上市公司，如果其中一个股东能够对另外一个股东达到控制，双方要合并计算股权。
② 资管计划也称资管产品，是获得监管机构批准的公募基金管理公司或证券公司，向特定客户募集资金或者接受特定客户财产委托担任资产管理人，由托管机构担任资产托管人，为资产委托人的利益，运用委托财产进行投资的一种标准化金融产品。

表1-5 宝能系资产管理计划明细（2015.12.9—2016.7.6）

资产管理人	资管计划名称	交易日期	价格区间（元）	证券数量（股）	占比
南方资本管理有限公司	广钜2号	2015.12.9—2015.12.18	20.03—24.43	63,465,898	0.57%
西部利得基金管理有限公司	西部利得金裕1号	2015.12.9—2015.12.18	18.70—21.23	212,894,379	1.93%
西部利得基金管理有限公司	西部利得宝禄1号	2015.12.9—2015.12.18	17.83—21.32	137,954,993	1.25%
东兴证券股份有限公司	东兴7号	2016.7.5	19.79	60,000,000	0.55%
泰信基金管理有限公司	泰信1号	2015.12.9—2016.7.6	18.79—24.43	74,433,836	0.67%
—	合计	—	—	548,749,106	4.97%

备注：2015年12月9日至2016年7月6日，信息披露义务人通过资产管理计划在二级市场合计增持万科A股股票548,749,106股，占万科总股本的4.97%。

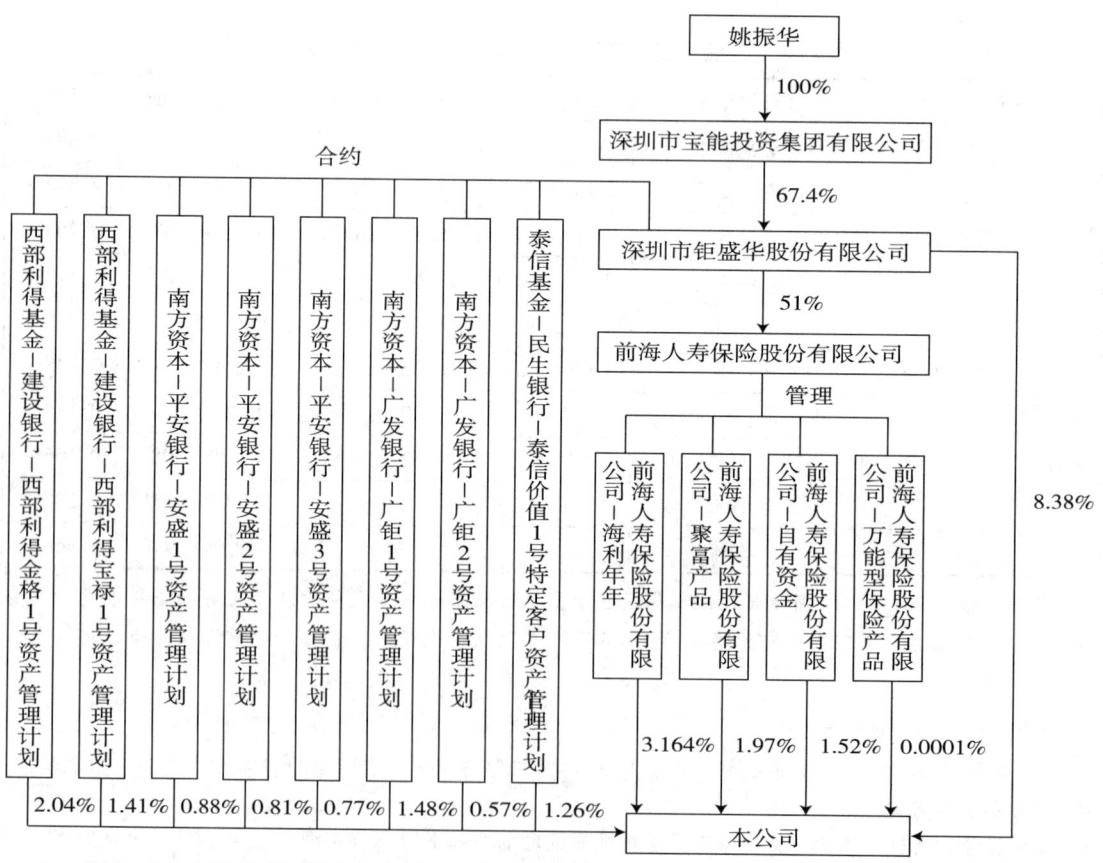

图1-9 宝能系（深圳市钜盛华股份有限公司及其一致行动人）与万科股权关系方框图

数据来源：万科年报。

表1-6 宝能系五次举牌明细

日期	买卖方向	价格区间（元/股）	成交数量（股）	操作方	持股数量	持股比例	增持形式	资金性质	备注
2015.1	买入	13.13–13.60	1,360,161	前海人寿			集中竞价	险资	
2015.1	卖出	12.98–13.20	642,000	前海人寿			集中竞价	险资	
2015.2	卖出	11.89	1,140,100	前海人寿			集中竞价	险资	
2015.3	买入	12.44–12.58	30,500,156	前海人寿			集中竞价	险资	
2015.3	卖出	13.18	100	前海人寿			集中竞价	险资	
2015.4	卖出	14.12–14.83	30,499,956	前海人寿			集中竞价	险资	
2015.6	买入	14.74	20,500	前海人寿			集中竞价	险资	
2015.6	卖出	15.63	100	前海人寿			集中竞价	险资	
2015.7	卖出	13.16	8,700	前海人寿			集中竞价	险资	
2015.7	买入	13.28–15.47	655,661,803	前海人寿			集中竞价	险资	
小计（截至7.10）					552,727,926	5.00%			第一次举牌
2015.7	买入	——	102,945,738	前海人寿	102,945,738	0.93%	集中竞价		
2015.7	买入	13.28–15.99	28,040,510	钜盛华	28,040,510	0.26%	集中竞价		
2015.7	买入	13.28–15.99	421,574,550	钜盛华	421,574,550	3.81%	集中竞价	收益互换	
小计（截至7.24）					1,105,288,724	10.00%			第二次举牌
2015.8	买入	12.7–14.38	80,203,781	前海人寿	80,203,781		集中竞价	险资	
2015.8	买入	12.66–14.06	476,455,412	钜盛华	476,455,412		集中竞价		
小计（截至8.26）					1,661,947,917	15.04%			第三次举牌
2015.11	买入	14.37–15.23	64,996,913	钜盛华	64,996,913	4.969%	集中竞价	资管计划（见表）	
2015.12.4	买入	14.98–19.80	484,094,088	钜盛华	484,094,088		集中竞价	资管计划	
（截至12.4）					2,211,038,918	20.008%		（见表）	第四次举牌
2015.12.9—2016.7.6	买入	14.98–24.43	548,749,106	钜盛华	548,749,106	4.97%	集中竞价	资管计划（见表）	
其中：截至2015.12.31					2,681,395,724	24.26%			
小计（截至2016.7.6）					2,759,788,024	25.00%			第五次举牌

数据来源：万科2015年和2016年公告。

与此同时，截至 2015 年 12 月 7 日，安邦保险花费数百亿元资金购入万科 5%的股份。2015 年 12 月 17 日，安邦增持万科 A 股 1.5 亿股，12 月 18 日再次增持万科 A 股 2,287 万股，持股比例上升至 7.01%。截至 12 月 31 日，万科股权结构为：钜盛华以及一致行动人前海人寿总共持股 24.26%，华润持股 15.29%，安邦保险持股 7.01%，HKSCC NOMINEES LIMITED 持股 11.9%，它们的合计持股比例为 58.46%（详见表 1-7）。

表 1-7 万科 2015 年 7 月—12 月的股权变化

时间 股东	2015 年 1 月以前	2015.7.24	2015.8.26	2015.9.1	2015.12.4	2015.12.7	2015.12.11	2015.12.31
前海人寿	5%	5.93%	6.66%	6.66%	6.66%	6.66%	6.66%	6.66%
钜盛华	0	4.07%	8.38%	8.38%	13.35%	13.35%	15.79%	17.61%
宝能系	5%	10%	15.04%	15.04%	20.01%	20.01%	22.45%	24.26%
华润	14.89%	14.89%	14.89%	15.29%	15.29%	15.29%	15.29%	15.29%
安邦	0	0	0	0	0	5%	5%	7.01%
HKSCC NOMINEES LIMITED	11.90%	11.90%	11.90%	11.90%	11.90%	11.90%	11.90%	11.90%

数据来源：万科 2015 年公告。

2015 年 12 月 23 日，万科及安邦各自发表声明宣布联手；2016 年 2 月 4 日，王石表示"万科并不排斥民营企业，但万科不欢迎高风险资本成为第一大股东"；2016 年 2 月 5 日，王石表示"万科将找到优质的资产进行重组"。

2. 第二阶段（2015 年 12 月—2016 年 7 月）：万科欲引入深圳地铁被否，宝能系出狠招要求罢免万科全部董事、监事。

万科欲通过接受深圳地铁集团（以下简称"深圳地铁"）注入两个项目，初步交易价格是 456.13 亿元，万科以每股 15.88 元发行新股 28.7 亿股购买。当时万科已发行了股票约 110 亿股，宝能系占 24.29%，华润占 15.29%。若该方案成功，深圳地铁将持股 20.65%，升为第一大股东；宝能系持股降为 19.27%，成为第二大股东；华润持股比例降为 12.10%，成为第三大股东。该方案虽然获得了董事会的 7 票同意，但华润集团的董事三人全部反对，一位独立董事弃权，而宝能系在董事会还没有席位，最终方案未施行。

此外，2016 年 6 月 27 日，宝能系要求召开临时股东大会，罢免包括王石、郁亮等在内的万科全部现任董事和监事，但华润集团投票表示不赞同。

3. 第三阶段（2016 年 8 月—12 月）：恒大系两度举牌万科，股权之争又添波澜。

2016 年 8 月，恒大通过旗下投资公司以 91 亿元增持万科 A 股股票 5.52 亿股，实现首次举牌；随后几个月恒大系一直持续增持万科 A 股，到 2016 年 11 月底增持至 15.53 亿股，占万科 14.07%的股权。

与此同时，2016年包括宝能系和恒大在内的许多公司利用险资频频举牌与杠杆并购，引发了市场质疑，监管层也高度重视并进行了严格监管，宝能、恒大面临巨大压力。

4. 第四阶段（2017年1月—6月）：华润全部股权转让深圳地铁，新一轮股权博弈局面出现。

2017年1月12日，深圳地铁与华润签订万科股份受让协议，深圳地铁拟以每股22.00元的价格受让华润集团所持有的万科A股1,689,599,817股，总价371.7亿元人民币，约占万科总股本的15.31%。6月9日，恒大将其持有的万科A股全部出售给深圳地铁。深圳地铁在两次接盘之后，最终以29.38%的持股比例超越宝能成为万科第一大股东。

5. 第五阶段（2017年6月至今）：郁亮接棒王石，万科股权之争落幕。

2017年6月21日，万科公布新一届董事会成员候选名单。与此同时，万科董事长王石通过社交平台表示不再作为万科董事被提名，第二大股东宝能系也没有出现在董事会成员候选名单中。6月30日召开的万科股东大会通过了上述董事会成员选举。此次董事会换届选举意味着"宝万之争"最终落幕，郁亮接替王石出任董事会主席，万科正式进入郁亮时代。

二、案例分析

（一）股东与管理层冲突的根本原因：现有利益格局失衡

1. 控制权冲突

如上所述，与绝大部分上市公司存在控股股东或实际控制人不同，万科的股权结构一直是高度分散。在控制权纷争之前，第一大股东华润持股比例一直保持在15%以下，且长期秉持"大股不控股，支持不干预"的理念，并扮演"财务投资者"的角色，内部管理层对与公司发展息息相关的投融资、经营决策等事项拥有绝对的话语权，这极大满足了创始人拥有所创办企业心理所有权的期望。此外，为了回馈大股东的支持和信任，以王石为代表的职业经理人在努力提高公司经营绩效的同时，还制定了慷慨的分红政策，近20年一直持续分红，尤其2013年后进行了高派现（详见表1-8）。大股东华润便是其中最大的受益者，甘愿退居幕后并给予管理层充分的自治空间，同时管理层对企业的控制也在其为广大股东创造财富的过程中不断强化。在这种情况下，以华润为代表的所有者们与以王石为代表的经营者们各取所需，利益达到了均衡。

表1-8 万科历年股利分配情况

年份	分红派息方案	现金分红金额（含税）	占母公司净利润的比例
2021	每10股派9.70元（含税）现金股息	11,276,621,873.75	50.06%
2020	每10股派12.5元（含税）现金股息	14,522,165,251.25	34.98%
2019	每10股派10.166131元（含税）现金股息	11,810,739,436.05	32.76%
2018	每10股派10.451020元（含税）现金股息	11,811,892,641.07	51.39%
2017	每10股派9.0元（含税）现金股息	9,935,236,800.90	73.94%

续 表

年份	分红派息方案	现金分红金额（含税）	占母公司净利润的比例
2016	每10股派7.9元（含税）现金股息	8,720,930,080.79	68.25%
2015	每10股派7.2元（含税）现金股息	7,948,189,440.72	79.88%
2014	每10股派5.0元（含税）现金股息	5,524,400,900.00	46.48%
2013	每10股派4.1元（含税）现金股息	4,516,137,256.79	57.93%
2012	每10股派1.8元（含税）现金股息	1,981,400,770.62	35.29%
2011	每10股派1.3元（含税）现金股息	1,429,377,328.34	32.69%
2010	每10股派1.0元（含税）现金股息	1,099,521,021.80	35.66%
2009	每10股派0.7元（含税）现金股息	769,664,715.26	26.78%
2008	每10股派0.5元（含税）现金股息	549,760,510.90	34.75%
2007	每10股派1元（含税）现金股息	687,200,638.70	39.78%
2006	每10股派1.5元（含税）现金股息、每10股转增5股	649,427,190.90	28.26%
2005	每10股派1.5元（含税）现金股息	591,747,769.65	43.36%
2004	每10股派1.5元（含税）现金股息、每10股转增5股	341,044,180.65	——
2003	每10股送1股红股、派0.5元（含税现金股息、每10股转增4股	69,792,472.20	——
2002	每10股派2元（含税）现金股息、每10股转增10股	126,194,942.6	——
2001	每10股派2元（含税）现金股息	——	——
2000	每10股派1.8元（含税）现金股息	——	——

数据来源：万科2000—2021年年报及公告。

然而，宝能系以"战略投资者"的身份强势介入万科，使第一大股东之位易主，这不仅改变了万科内部一贯稳定的股权结构，也改变了不同主体之间的力量对比。华润和宝能系同样作为最大的股东，却具有完全不同的投资动机，宝能系积极参与公司的经营决策，甚至以内部人控制为由要求罢免包括王石和郁亮在内的全部董事会成员，这对万科管理层构成了利益威胁，公司既有的利益平衡格局被打破。

2. 战略目标冲突

宝能系认为，经营者的目标偏离了企业价值最大化这一根本目标。管理层推行事业合伙人制度，与管理层股票期权类似，但买卖股票时机与管理层经营考核并无直接联系，除买进万科股票，增加管理层控制权之外，很难让管理层真正关心公司股价。

3. 收益分配冲突

宝能系认为，盈余公积占公司股本比重较大，远远超过同类房地产企业。大量提取盈余公积会大幅度减少向股东分配现金股利的数额。2013 年以前，万科一直实施低股利政策，不利于公司股价的提升。

（二）股东与管理层各自的利益维护策略

1. 万科的利益维护策略

第一，质疑宝能高杠杆资金收购会给蓝筹股带来金融风险，并对实业造成损害，与公司利益最大化的根本目标背道而驰。

第二，剥夺宝能系股东应有权利。起诉宝能持股达到 5% 以后未能及时披露，违规继续增持，要求法院判决对方不得对其违法持有的股份行使表决权、提案权、提名权、提议召开股东大会的权利。

第三，停牌并积极寻找"白衣骑士"。在宝能系成为万科第一大股东后，万科第一时间发布了停牌公告，并在向原第一大股东华润求援无果后，提出以定向增发股票的方式引入深圳地铁。虽然与深圳地铁的重组议案遭到公司主要股东的反对而被迫终止，但深圳地铁最终还是通过支付对价的方式从华润和恒大手中买入了其持有的全部股份，并以 29.38% 的持股比例超越宝能系成为万科第一大股东。

2. 宝能系的利益维护策略

第一，主动约谈万科最高管理层。开始相对温和得多，希望万科能尊重现实，管理层能继续留任，宝能只是作为一个财务投资者的角色出现，不直接干预万科的经营管理。

第二，以内部人控制为由罢免万科全部董事。万科公开抵制"野蛮人入侵"，使宝能彻底丢掉幻想，与万科高层摊牌，提议召开临时股东大会，罢免万科全部现任董事和管理层。宝万股权之争骤然升级，大有不可调和之势。

第三，进一步指控万科实行的事业合伙人持股计划。指责其涉嫌违规增持公司股份，持股比例已达 9.14%。

三、教学设计

（一）教学目的

通过对本案例的学习，可缩短教学情境与公司实际情境的距离，做好财务管理理论与公司实践的有效衔接。具体要求学生在理论层面掌握公司主要利益相关者之间的利益冲突及协调方式，在实践层面了解"君万""宝万"事件发生的原因和始末，在思想政治层面对"君万""宝万"之争进行深入的思考和总结，在科研层面了解案例素材的收集、整理以及案例论文的写作方法。

（二）课程思政

1. 通过对本案例的系统学习，培养学生正确的世界观、人生观和价值观。

2. 通过对本案例的深入学习，使学生思考如何树立正确的社会主义核心价值观。

3. 要求学生对"野蛮人入侵"一词进行思考，分析案例中"野蛮人"的主要特征及事实依据，领悟"野蛮人入侵"最终结局的人生意义。

4. 结合案例中宝能系在此次事件中利用险资、利益互换和资管计划等方式增持万科股票的行为,请学生进行思想道德层面的思考和讨论。

(三)教学方法

本案例采用的教学方法为"翻转课堂",具体做法如下:

1. 强调案例课程的学习特点要把握"三环节",即"全面预习"+"积极讨论"+"提炼反思"="案例学习"。

2. "翻转课堂"。让学生组成若干讨论小组,结合案例涉及的知识点进行理论"渗透"和实践"转化";同时,教师在课堂上采用"翻转课堂"的形式深入浅出讲解知识,可缩短教与学的距离,让学生学有所获。

(四)教学过程

1. 引导性讲授。由教师作3-5分钟的引导性发言,介绍本案例中涉及的相关政策法规、案例背景及专业术语等内容。

2. 案例讲授。由案例小组进行案例的详细介绍。

3. 评论发言。案例讲解结束后,其他同学对本案例相关内容进行评论。

4. 总结评论。由主讲教师对师生讨论中涉及的问题进行归纳,对引导性讲授内容进行补充,并回答同学和其他教师的提问。

(五)课前准备

1. 教师:熟悉教材和教学大纲;通过"雨课堂""课堂派"等在线平台发放案例资料和要求;组织集体备课,妥善安排课堂的讲授与讨论在内容上的配合;书写教案,再次讲授同样内容时根据前次授课效果及时反馈意见。

2. 学生:课前详细阅读本案例相关内容和要求,相关讨论组需准备好案例讲解资料,非讨论组同学应该充分阅读案例,准备讨论的问题等。

(六)课后要求

1. 了解学生对教学的反应,通过"雨课堂""课堂派"等在线平台对课后作业进行督导,并对普遍性问题及时加以解释。

2. 了解听课教师对自己授课情况的评价和建议,发现问题及时改进。

3. 学生应该及时完成课后作业,通过延伸阅读,搜集相近案例资料,为案例的选材及课程论文和毕业论文的写作积累素材。

四、理论链接和延伸阅读

(一)理论知识

1. 主要利益相关者——所有者VS经营者——的冲突与协调

(1)冲突

所有者是企业终极的、永久的出资者。所有者期待经营者实现他们的利益,追求的目标是通过企业的经营,使他们的资本保值增值,最大限度地提高资本收益,增加股权价值。经营者们考虑的是在什么条件下为所有者工作以及从所有者那里能取得多少薪酬,在这些前提下才能努力地为所有者创造财富,因此,舒适的工作条件、优厚的报酬、个人声誉和社会地位等职业经理人价值，是他们追求的目标。

经营者目标与所有者目标不完全一致，导致了经营者可能为了自身的利益而背离所有者的利益。这种背离主要表现在两个方面：一是逆向选择，即经营者的行为直接背离了所有者的利益要求；二是道德风险，即经营者为了自身利益和声望，不会尽最大努力去提升股东利益。

（2）协调方式

第一，监督。通过定期报告、注册会计师审计制度、独立董事制度等方式，让所有者得到更多的公司信息，了解经营者的情况。此外，所有者还可以通过"用手投票"来直接监督经营者。

第二，约束。通过一系列管理制度和制度安排，约束经营者的行为，甚至解聘经营者。如"用脚投票"。

第三，激励。通过制定恰当的激励计划、绩效薪酬、股票期权等方式，使经营者为实现所有者的利益而努力工作。

2. 主要利益相关者——所有者 VS 债权人——的冲突与协调

（1）冲突

债权人实际上也是企业的出资者，但其出资有固定的期限，到期要收回本金。债权人关注的是本金的安全和报酬，其利益要求是到期收回本金，并获得期望的利息。经营者的薪酬是所有者支付的，不是债权人支付的。因此，在经营者与债权人的关系中，经营者代表的是所有者，经营者与债权人的矛盾实际上也是所有者与债权人的矛盾。

所有者和债权人的主要冲突在于，一方面所有者可能不经债权人同意，要求经营者改变举债资金的原定用途，将其用于风险更高的项目，使债权人不仅得不到超额利润，而且可能承担损失；另一方面所有者可能在未征得现有债权人同意的情况下，要求经营者举借新债，使旧债价值下降，旧债权人蒙受损失。

（2）协调方式

债权人为了防止利益被伤害，除了寻求立法保护，如优先享有剩余财产分配权等，还可以采取以下措施：一是限制性条款，如规定借债用途、不得发行新债或限制发行新债的数额、借款的担保条款等；二是一旦发现所有者有损害其债权的意图，将拒绝进一步合作，不再提供新的借款或提前收回借款。

（二）延伸阅读

[1] 郝云宏，汪茜. 混合所有制企业股权制衡机制研究——基于"鄂武商控制权之争"的案例解析[J]. 中国工业经济，2015（03）：148—160.

[2] 梁上坤，金叶子，王宁，何泽稷. 企业社会资本的断裂与重构——基于雷士照明控制权争夺案例的研究[J]. 中国工业经济，2015（04）：149—160.

[3] 王珏，祝继高. 基金参与公司治理：行为逻辑与路径选择——基于上海家化和格力电器的案例研究[J]. 中国工业经济，2015（05）：135—147.

[4] 熊艳，李常青，魏志华. 媒体"轰动效应"：传导机制、经济后果与声誉惩戒——基于"霸王事件"的案例研究[J]. 管理世界，2011（10）：125—140.

[5] 张慕濒. 机构投资者崛起、创业股东控制权博弈与公司治理——基于雷士照明的

案例研究[J].华东师范大学学报(哲学社会科学版),2013,45(04):144—150.

[6] 祝继高,王春飞.大股东能有效控制管理层吗?——基于国美电器控制权争夺的案例研究[J].管理世界,2012(04):138—152.

[7] 本案例涉及的相关法律规范见表1-9。

表1-9 本案例涉及的相关法律规范

序号	文件名称	文号	发文单位	发文日期	地址链接
1	中国保监会关于保险资金设立股权投资计划有关事项的通知	保监会发〔2017〕282号	中国保险监督管理委员会	2017/12/27	https://neris.csrc.gov.cn/falvfagui/rdqsHeader/mainbody?navbarId=3&secFutrsLawId=745777672752461238&body=
2	中国保监会关于进一步加强保险资金股票投资监管有关事项的通知	保监发〔2017〕9号	中国保险监督管理委员会	2017/1/24	https://neris.csrc.gov.cn/falvfagui/rdqsHeader/mainbody?navbarId=3&secFutrsLawId=745439065453040589&body=
3	上市公司收购管理办法(2020)	证监会令第166号	中国证券监督管理委员会	2020/3/20	https://neris.csrc.gov.cn/falvfagui/rdqsHeader/mainbody?navbarId=3&secFutrsLawId=577bbf8a22a44894b7bc3654b774b827&body=
4	上市公司收购管理办法(2014)	证监会令第108号	中国证券监督管理委员会	2014/11/23	https://neris.csrc.gov.cn/falvfagui/rdqsHeader/mainbody?navbarId=1&secFutsLawId=d838aa4579284034b926a02b4f40c56f
5	中华人民共和国证券法(2020)	主席令第37号	全国人民代表大会常务委员会	2020/3/1	https://neris.csrc.gov.cn/falvfagui/rdqsHeader/mainbody?navbarId=1&secFutrsLawId=0fc431a2a10b47909beef058f6ac3335
6	中华人民共和国证券法(2014)	主席令第14号	全国人民代表大会常务委员会	2014/8/31	https://neris.csrc.gov.cn/falvfagui/rdqsHeader/mainbody?navbarId=3&secFutrsLawId=0ed4a5801b8b4fa1bcfeb5febcd76af2&body=

参考文献

[1] 符亚男,徐广林,林贡钦.企业的敌意并购与反并购策略分析——以"宝万之争"事件为例[J].财会通讯,2017(16):5—8.

[2] 华生. 万科模式：控制权之争与公司治理[M]. 北京：东方出版社，2017.

[3] 李东升，王慧铭，苏琦. 机构投资者介入与控制权之争——基于万科控制权争夺的案例研究[J]. 财会月刊，2019（05）：24—34.

[4] 刘娇娆，周运兰，刘晓娆. 万科控制权之争分析[J]. 财务与会计，2017（15）：26—28.

[5] 王春艳，林润辉，袁庆宏，李娅，李飞. 企业控制权的获取和维持——基于创始人视角的多案例研究[J]. 中国工业经济，2016（07）：144—160.

[6] 王桂英，乌日罕. 上市公司股权结构设计的理性思考——以宝万之争为例[J]. 会计之友，2018（24）：21—25.

[7] 王豪威，于永生. 多元主体视角下企业控制权争夺分析——以万科事件为例[J]. 财会通讯，2018（23）：103—106.

[8] 吴晓灵. 规范杠杆收购促进经济结构调整[J]. 清华金融评论，2016（12）：14—17.

[9] 杨继伟，张奕敏. 中国混合所有制公司股权治理及控制权——基于万科的案例[J]. 财会通讯，2017（05）：97—99.

[10] 姚远. 浅析企业的敌意并购与反并购——以"宝万之争"事件为例[J]. 西部财会，2016（05）：51—54.

[11] 张华，胡海川，卢颖. 公司治理模式重构与控制权争夺——基于万科"控制权之争"的案例研究[J]. 管理评论，2018，30（08）：276—290.

[12] 周嘉南，段宏，黄登仕. 投资者与创始人的争斗：冲突来源及演化路径——基于我国公司公开冲突事件的案例分析[J]. 管理世界，2015（06）：154—163.

[13] 万科集团官网：https：//www.vanke.com/.

[14] 宝能集团官网：http：//www.baoneng.com/.

第二章 货币的时间价值

第一节 银行个人住房贷款还款方式比较

一、案例内容

（一）引言

拥有一套属于自己的住房，是很多人的梦想。然而，房价是每一个家庭面临的最大问题。近年来，随着房价持续上升，选择银行贷款已成为家庭普遍使用的购房方式。对此，商业银行推出了不同还款方式的房贷产品，如等额本息还款法、等额本金还款法、等额/等比递增还款法、等额/等比递减还款法等，其中等额本息还款法、等额本金还款法是应用最普遍的两种方式。然而，不同还款方式下还贷总额和支付利息是不同的。如何选择适合自己的还款方式？两种还款方式有什么区别和特点？每月还款额和支付利息有不同吗？……这些问题都是每一位借款人需要了解和掌握的知识，解决这些问题不可避免地需要考虑的一个关键因素是货币的时间价值。

（二）案例介绍

李某毕业后在一家公司工作五年，共有银行存款、股票等资产24万元，家庭月收入6,000元，每月可拿出3,000元用于还款。李某现准备采用银行个人住房贷款方式购置一套面积50平方米左右、一室一厅、总价35万元左右的自用第一套住宅，计划首付30%，其余70%的贷款10年还清。银行提供等额本息和等额本金两种还款方式，李某应该如何选择适合自己的还款方式呢？

二、案例分析

李某首先估算自己可承担的住房贷款额度以及可购住房的总价、单价。经查询，当时商业银行10年期的贷款年利率为7.4%，每月计息一次，个人购买第一套住房的利率可以优惠10%，也就是打了9折，优惠后的贷款年利率为7.4%×0.9=6.66%。按月计息，月利率=年利率÷12=6.66%÷12=0.555%。

（一）住房可贷款额、可购住房总价及单价估算

假设李某选择每月相同的还款额度，那么，贷款总额可以按照年金现值计算公式进行估算：

$$可贷款额度(P) = 每月还款额(A) \times (P/A, i, n)$$
$$= 3,000 \times (P/A, 0.555\%, 120)$$
$$= 262,374$$

李某根据实际情况,计划首付30%,其余70%选择10年期的银行贷款,根据可贷款额度,估算出可购住房总价,即

可购住房总价 = 可贷款额 ÷ 贷款比例 = 262,374 ÷ 70% = 374,820 元

首付款额 = 房款总额 × 首付比例 = 374,820 × 30% = 112,446 元

可购买房屋的单价 = 可购住房总价 ÷ 住房面积 = 37,4820 ÷ 50 = 7,496 元

根据以上估算,综合考虑各楼盘调查情况,李某决定购买三环外某楼盘二层53.5平方米一室一厅住宅一套,单价7,000元,总价374,800元。银行提供等额本息和等额本金两种还款方式,李某需要确定哪一种还款方式更适合。

(二) 不同还款方式比较分析

从货币时间价值的角度看,两种还款方式各期还款额换算到期初的现值之和是相同的,即贷款本金。但不同还款方式下每月偿还本金、利息和还款总额是不同的。

1. 等额本息还款方式

如果李某选择等额本息还款方式,月利率为0.555%,首付比例30%,贷款比例70%,房款总价374,800元,那么,可以计算出:

首付款 = 374,800 × 30% = 112,440 元

贷款总额 = 374,800 × 70% = 262,360 元

在等额本息还款方式下,每月还款额是相等的,按照年回收额计算,每月还款额为:

$$每月还款额(A) = 贷款额度(P) \div (P/A, i, n)$$
$$= 262,360 \div (P/A, 0.555\%, 120)$$
$$= 3,000$$

按月计息,10年共计还款120期,应偿还银行贷款本利和为:3000 × 120 = 360,000元。

其中,应还利息总额 = 应还贷款总额 − 贷款本金 = 360,000 − 262,360 = 97,640 元。

每月应支付的利息是剩余贷款在该月所产生的利息,即剩余本金×贷款月利率。按此公式,我们可以计算出贷款期限内各期应支付的利息和本金。各期详细应还款额结果见表2−1。

表2−1 按月等额本息还款详细计算结果

还款期数	每期还款额	本期应还本金	本期应还利息	剩余本金	还款期数	每期还款额	本期应还本金	本期应还利息	剩余本金
1	2999.84	1544.73	1455.11	260,815.27	61	2999.84	2152.66	847.18	150,596.48
2	2999.84	1553.29	1446.55	259,261.98	62	2999.84	2164.59	835.25	148,431.89

续　表

还款期数	每期还款额	本期应还本金	本期应还利息	剩余本金	还款期数	每期还款额	本期应还本金	本期应还利息	剩余本金
3	2999.84	1561.91	1437.93	257,700.07	63	2999.84	2176.60	823.24	146,255.29
4	2999.84	1570.57	1429.27	256,129.50	64	2999.84	2188.67	811.17	144,066.62
5	2999.84	1579.28	1420.56	254,550.22	65	2999.84	2200.81	799.03	141,865.81
6	2999.84	1588.04	1411.80	252,962.18	66	2999.84	2213.02	786.82	139,652.79
7	2999.84	1596.85	1402.99	251,365.33	67	2999.84	2225.29	774.55	137,427.5
8	2999.84	1605.71	1394.13	249,759.62	68	2999.84	2237.63	762.21	135,189.87
9	2999.84	1614.61	1385.23	248,145.01	69	2999.84	2250.04	749.80	132,939.83
10	2999.84	1623.57	1376.27	246,521.44	70	2999.84	2262.52	737.32	130,677.31
11	2999.84	1632.57	1367.27	244,888.87	71	2999.84	2275.07	724.77	128,402.24
12	2999.84	1641.63	1358.21	243,247.24	72	2999.84	2287.69	712.15	126,114.55
13	2999.84	1650.73	1349.11	241,596.51	73	2999.84	2300.38	699.46	123,814.17
14	2999.84	1659.89	1339.95	239,936.62	74	2999.84	2313.14	686.70	121,501.03
15	2999.84	1669.09	1330.75	238,267.53	75	2999.84	2325.96	673.88	119,175.07
16	2999.84	1678.35	1321.49	236,589.18	76	2999.84	2338.87	660.97	116,836.2
17	2999.84	1687.66	1312.18	234,901.52	77	2999.84	2351.84	648.00	114,484.36
18	2999.84	1697.02	1302.82	233,204.50	78	2999.84	2364.88	634.96	112,119.48
19	2999.84	1706.43	1293.41	231,498.07	79	2999.84	2378.00	621.84	109,741.48
20	2999.84	1715.89	1283.95	229,782.18	80	2999.84	2391.19	608.65	107,350.29
21	2999.84	1725.41	1274.43	228,056.77	81	2999.84	2404.45	595.39	104,945.84
22	2999.84	1734.98	1264.86	226,321.79	82	2999.84	2417.78	582.06	102,528.06
23	2999.84	1744.60	1255.24	224,577.19	83	2999.84	2431.19	568.65	100,096.87
24	2999.84	1754.28	1245.56	222,822.91	84	2999.84	2444.68	555.16	97,652.19
25	2999.84	1764.01	1235.83	221,058.90	85	2999.84	2458.24	541.60	95,193.95
26	2999.84	1773.79	1226.05	219,285.11	86	2999.84	2471.87	527.97	92,722.08
27	2999.84	1783.63	1216.21	217,501.48	87	2999.84	2485.58	514.26	90,236.5
28	2999.84	1793.52	1206.32	215,707.96	88	2999.84	2499.37	500.47	87,737.13
29	2999.84	1803.47	1196.37	213,904.49	89	2999.84	2513.23	486.61	85,223.9
30	2999.84	1813.47	1186.37	212,091.02	90	2999.84	2527.17	472.67	82,696.73
31	2999.84	1823.53	1176.31	210,267.49	91	2999.84	2541.18	458.66	80,155.55
32	2999.84	1833.64	1166.2	208,433.85	92	2999.84	2555.28	444.56	77,600.27

续 表

还款期数	每期还款额	本期应还本金	本期应还利息	剩余本金	还款期数	每期还款额	本期应还本金	本期应还利息	剩余本金
33	2999.84	1843.81	1156.03	206,590.04	93	2999.84	2569.45	430.39	75,030.82
34	2999.84	1854.04	1145.80	204,736.00	94	2999.84	2583.70	416.14	72,447.12
35	2999.84	1864.32	1135.52	202,871.68	95	2999.84	2598.03	401.81	69,849.09
36	2999.84	1874.66	1125.18	200,997.02	96	2999.84	2612.44	387.40	67,236.65
37	2999.84	1885.06	1114.78	199,111.96	97	2999.84	2626.93	372.91	64,609.72
38	2999.84	1895.52	1104.32	197,216.44	98	2999.84	2641.50	358.34	61,968.22
39	2999.84	1906.03	1093.81	195,310.41	99	2999.84	2656.15	343.69	59,312.07
40	2999.84	1916.60	1083.24	193,393.81	100	2999.84	2670.88	328.96	56,641.19
41	2999.84	1927.23	1072.61	191,466.58	101	2999.84	2685.69	314.15	53,955.5
42	2999.84	1937.92	1061.92	189,528.66	102	2999.84	2700.59	299.25	51,254.91
43	2999.84	1948.67	1051.17	187,579.99	103	2999.84	2715.57	284.27	48,539.34
44	2999.84	1959.47	1040.37	185,620.52	104	2999.84	2730.63	269.21	45,808.71
45	2999.84	1970.34	1029.50	183,650.18	105	2999.84	2745.77	254.07	43,062.94
46	2999.84	1981.27	1018.57	181,668.91	106	2999.84	2761.00	238.84	40,301.94
47	2999.84	1992.26	1007.58	179,676.65	107	2999.84	2776.32	223.52	37,525.62
48	2999.84	2003.31	996.53	177,673.34	108	2999.84	2791.71	208.13	34,733.91
49	2999.84	2014.42	985.42	175,658.92	109	2999.84	2807.20	192.64	31,926.71
50	2999.84	2025.59	974.25	173,633.33	110	2999.84	2822.77	177.07	29,103.94
51	2999.84	2036.83	963.01	171,596.50	111	2999.84	2838.42	161.42	26,265.52
52	2999.84	2048.12	951.72	169,548.38	112	2999.84	2854.16	145.68	23,411.36
53	2999.84	2059.48	940.36	167,488.9	113	2999.84	2869.99	129.85	20,541.37
54	2999.84	2070.90	928.94	165,418.00	114	2999.84	2885.91	113.93	17,655.46
55	2999.84	2082.39	917.45	163,335.61	115	2999.84	2901.92	97.92	14,753.54
56	2999.84	2093.94	905.90	161,241.67	116	2999.84	2918.01	81.83	11,835.53
57	2999.84	2105.55	894.29	159,136.12	117	2999.84	2934.2	65.64	8901.33
58	2999.84	2117.23	882.61	157,018.89	118	2999.84	2950.47	49.37	5950.86
59	2999.84	2128.97	870.87	154,889.92	119	2999.84	2966.84	33.00	2984.02
60	2999.84	2140.78	859.06	152,749.14	120	2999.84	2983.29	16.55	0.73
合计	应还贷款总额：360,000			应还贷款本金：262,360			应还贷款利息：97,640		复利终值：509,624

2. 等额本金还款方式

如果李某选择等额本金还款方式，月利率 0.555%，首付房款 30%，共 374,800×30% =112,440 元；贷款额为房款的 70%，共 374,800×70% =262,360 元。等额本金还款方式下每月还款额是由每月应偿还本金和每月应支付利息两部分构成，其中，每月应偿还本金是相等的，即 262,360÷120 =2,186 元；每月应支付利息仍是剩余贷款在该月所产生的利息。每月还款额的计算公式为：

$$每月还款额 = \frac{借款本金}{还款总期数} + （借款本金 - 累计已还本金）\times 月利率$$

根据公式可以计算出贷款期限内各期应支付的利息和本金。各期详细应还款额结果见表 2-2。

表 2-2 按月等额本金还款详细计算结果

还款期数	每期还款额	本期应还本金	本期应还利息	剩余本金	还款期数	每期还款额	本期应还本金	本期应还利息	剩余本金
1	3641.44	2186.33	1455.11	260,173.67	61	2913.89	2186.33	727.56	128,993.90
2	3629.32	2186.33	1442.99	257,987.34	62	2901.76	2186.33	715.43	126,807.50
3	3617.19	2186.33	1430.86	255,801.01	63	2889.64	2186.33	703.31	124,621.20
4	3605.07	2186.33	1418.74	253,614.68	64	2877.51	2186.33	691.18	122,434.90
5	3592.94	2186.33	1406.61	251,428.35	65	2865.38	2186.33	679.05	120,248.60
6	3580.81	2186.33	1394.48	249,242.02	66	2853.26	2186.33	666.93	118,062.20
7	3568.69	2186.33	1382.36	247,055.69	67	2841.13	2186.33	654.80	115,875.90
8	3556.56	2186.33	1370.23	244,869.36	68	2829.01	2186.33	642.68	113,689.60
9	3544.44	2186.33	1358.11	242,683.03	69	2816.88	2186.33	630.55	111,503.20
10	3532.31	2186.33	1345.98	240,496.7	70	2804.75	2186.33	618.42	109,316.90
11	3520.18	2186.33	1333.85	238,310.37	71	2792.63	2186.33	606.30	107,130.60
12	3508.06	2186.33	1321.73	236,124.04	72	2780.5	2186.33	594.17	104,944.20
13	3495.93	2186.33	1309.6	233,937.71	73	2768.38	2186.33	582.05	102,757.90
14	3483.81	2186.33	1297.48	231,751.38	74	2756.25	2186.33	569.92	100,571.60
15	3471.68	2186.33	1285.35	229,565.05	75	2744.13	2186.33	557.80	98,385.25
16	3459.56	2186.33	1273.23	227,378.72	76	2732.00	2186.33	545.67	96,198.92
17	3447.43	2186.33	1261.1	225,192.39	77	2719.87	2186.33	533.54	94,012.59
18	3435.3	2186.33	1248.97	223,006.06	78	2707.75	2186.33	521.42	91,826.26
19	3423.18	2186.33	1236.85	220,819.73	79	2695.62	2186.33	509.29	89,639.93
20	3411.05	2186.33	1224.72	218,633.40	80	2683.5	2186.33	497.17	87,453.60

续 表

还款期数	每期还款额	本期应还本金	本期应还利息	剩余本金	还款期数	每期还款额	本期应还本金	本期应还利息	剩余本金
21	3398.93	2186.33	1212.60	216,447.07	81	2671.37	2186.33	485.04	85,267.27
22	3386.80	2186.33	1200.47	214,260.74	82	2659.24	2186.33	472.91	83,080.94
23	3374.67	2186.33	1188.34	212,074.41	83	2647.12	2186.33	460.79	80,894.61
24	3362.55	2186.33	1176.22	209,888.08	84	2634.99	2186.33	448.66	78,708.28
25	3350.42	2186.33	1164.09	207,701.75	85	2622.87	2186.33	436.54	76,521.95
26	3338.30	2186.33	1151.97	205,515.42	86	2610.74	2186.33	424.41	74,335.62
27	3326.17	2186.33	1139.84	203,329.09	87	2598.61	2186.33	412.28	72,149.29
28	3314.04	2186.33	1127.71	201,142.76	88	2586.49	2186.33	400.16	69,962.96
29	3301.92	2186.33	1115.59	198,956.43	89	2574.36	2186.33	388.03	67,776.63
30	3289.79	2186.33	1103.46	196,770.1	90	2562.24	2186.33	375.91	65,590.30
31	3277.67	2186.33	1091.34	194,583.77	91	2550.11	2186.33	363.78	63,403.97
32	3265.54	2186.33	1079.21	192,397.44	92	2537.98	2186.33	351.65	61,217.64
33	3253.41	2186.33	1067.08	190,211.11	93	2525.86	2186.33	339.53	59,031.31
34	3241.29	2186.33	1054.96	188,024.78	94	2513.73	2186.33	327.40	56,844.98
35	3229.16	2186.33	1042.83	185,838.45	95	2501.61	2186.33	315.28	546,58.65
36	3217.04	2186.33	1030.71	183,652.12	96	2489.48	2186.33	303.15	52,472.32
37	3204.91	2186.33	1018.58	181,465.79	97	2477.35	2186.33	291.02	50,285.99
38	3192.78	2186.33	1006.45	179,279.46	98	2465.23	2186.33	278.90	48,099.66
39	3180.66	2186.33	994.33	177,093.13	99	2453.1	2186.33	266.77	45,913.33
40	3168.53	2186.33	982.20	174,906.80	100	2440.98	2186.33	254.65	43,727.00
41	3156.41	2186.33	970.08	172,720.47	101	2428.85	2186.33	242.52	41,540.67
42	3144.28	2186.33	957.95	170,534.14	102	2416.72	2186.33	230.39	39,354.34
43	3132.15	2186.33	945.82	168,347.81	103	2404.6	2186.33	218.27	37,168.01
44	3120.03	2186.33	933.70	166,161.48	104	2392.47	2186.33	206.14	34,981.68
45	3107.90	2186.33	921.57	163,975.15	105	2380.35	2186.33	194.02	32,795.35
46	3095.78	2186.33	909.45	161,788.82	106	2368.22	2186.33	181.89	30,609.02
47	3083.65	2186.33	897.32	159,602.49	107	2356.10	2186.33	169.77	28,422.69
48	3071.53	2186.33	885.20	157,416.16	108	2343.97	2186.33	157.64	26,236.36
49	3059.40	2186.33	873.07	155,229.83	109	2331.84	2186.33	145.51	24,050.03
50	3047.27	2186.33	860.94	153,043.50	110	2319.72	2186.33	133.39	21,863.70

续 表

还款期数	每期还款额	本期应还本金	本期应还利息	剩余本金	还款期数	每期还款额	本期应还本金	本期应还利息	剩余本金
51	3035.15	2186.33	848.82	150,857.17	111	2307.59	2186.33	121.26	19,677.37
52	3023.02	2186.33	836.69	148,670.84	112	2295.47	2186.33	109.14	17,491.04
53	3010.90	2186.33	824.57	146,484.51	113	2283.34	2186.33	97.01	15,304.71
54	2998.77	2186.33	812.44	144,298.18	114	2271.21	2186.33	84.88	13,118.38
55	2986.64	2186.33	800.31	142,111.85	115	2259.09	2186.33	72.76	10,932.05
56	2974.52	2186.33	788.19	139,925.52	116	2246.96	2186.33	60.63	8745.72
57	2962.39	2186.33	776.06	137,739.19	117	2234.84	2186.33	48.51	6559.39
58	2950.27	2186.33	763.94	135,552.86	118	2222.71	2186.33	36.38	4373.06
59	2938.14	2186.33	751.81	133,366.53	119	2210.58	2186.33	24.25	2186.73
60	2926.01	2186.33	739.68	131,180.20	120	2198.46	2186.33	12.13	0.40
合计	应还贷款总额：350,394 元　　应还贷款本金：262,360 元　　应还贷款利息：88,034 元　　复利终值：509,624 元								

通过对以上两种还款方式进行比较，我们可以发现：

一是两种还款方式下应还贷款总额是不同的。等额本息还款方式下应偿还贷款总额为 360,000 元，比等额本金还款方式下应偿还贷款总额 350,394 元高出了 9,606 元。

二是两种还款方式下应支付利息总额是不同的。等额本息还款方式下应支付利息总额为 97,640 元，比等额本金还款方式下应支付利息总额 88,034 元高出了 9,606 元。由于两种还款方式下贷款本金相同，因此，不同方式下偿还贷款总额的差异就是应支付利息总额的差异。

三是两种还款方式下每月应还本金和利息构成是不同的。等额本息还款方式下，每月还款额相等，均为 3,000 元；等额本金还款方式下，每月还款额不同，头几年还款额相对较高，压力较大，前 53 期的应还款额均高于每月等额本息还款额，但该方式每月偿还贷款额是逐渐递减的，后期还款压力相对较低。

四是两种不同还款方式下复利终值之和和现值之和均相同。每月还款额的复利终值之和均为 509,624 元，每月还款额的现值之和为贷款本金，即 262,360 元。

综合考虑自身经济情况和还款能力后，刚工作不久的李某决定选择等额本息还款方式，以缓解前期的还款压力。

（三）案例启示

1. 从时间价值角度看，等额本息和等额本金还款方式的本质是相同的。不同时点上偿还的贷款额按复利换算为期末的终值之和，再进行比较，结论是：无论哪种还款方式每月所偿还贷款的复利终值之和都是相等的。

2. 贷款金额、期限相同的条件下，选择不同的还款方式所偿还的贷款总额及构成是不同的。等额本息还款方式比等额本金还款方式所支付的贷款总额和利息总额都要高，这体现了货币的时间价值观念。多支付的利息，相当于是多占用的银行资金随时间的推移而付出的资金成本。等额本息还款方式下，每月还款额是固定的，其中，支付的利息逐月下降，而偿还的本金逐渐上升。等额本金还款方式下，每月偿还贷款本金是固定的，但每月支付利息是逐渐下降的，每月还款额也是逐渐减少的。

3. 借款人应根据自身经济状况和承受能力，运用资金的时间价值，选择适合的贷款产品和还款方式。通常，等额本息还款方式下，每期还款额是固定的，且相对等额本金还款方式，初期还款压力较小，有利于资金的安排，适合于创业阶段收入处于上升趋势的年轻人，以及工作相对稳定的工薪阶层。等额本金还款方式下，初期还款压力较大，但贷款利息随本金逐月递减，还贷压力也逐步递减，适合于当前经济较为宽裕，但今后存在一定不确定因素的人群，如需考虑子女出国留学、赡养父母等。

4. 借款人应合理安排个人住房贷款还款期限。在相同贷款金额的前提下，因资金时间价值的存在，贷款期限越长，还款总额就越大，但由于期限长，每期还款的压力相对较轻。借款人应根据自身还款能力，选择合理的还款期限。

三、教学设计

（一）教学目的

通过对本案例的学习，要求学生能够运用货币的时间价值原理分析现实金融生活，在理论层面掌握货币的时间价值、终值、现值、年金的概念和相关计算，在实践层面了解银行贷款不同还款方式的特点以及还款额度的计算，在思政层面对上述案例银行贷款还款实践进行思考和总结，在教学层面了解公司财务案例的讲授方法和注意事项，在科研层面了解公司财务案例素材的收集、整理以及案例论文的写作方法。

（二）课程思政

当今社会是一个信用社会。没有信用，就没有秩序。企业所有经济活动，尤其是借贷方面，必须遵照行业法律法规执行，才能真正促进市场经济健康有序发展。要求学生树立信用思想，时刻谨记：人无诚信不立，业无诚信不兴。

（三）教学方法

教学方式采用"情境式"教学法，具体做法如下：

1. 强调案例课程的学习特点要把握"三环节"，即"全面预习"＋"积极讨论"＋"提炼反思"＝"案例学习"。

2. 采用"情境式"教学方法，让学生通过阅读，熟悉案例和相关资料，抓住主线，进入事实情境和设定情境，启动自身全部经验、知识和热情，围绕主线，消化案例材料中所含的所有相关信息，最充分、自由地表达意见；同时，教师给学生以适当的分析、提示和启发。

（四）教学过程

1. 引导性讲授。由教师对本节相关理论知识点以提问的方式进行全面回顾。

2. 案例讲授。由教师进行案例的详细介绍。

3. 讨论发言。案例讲解结束后，全班同学对本案例相关内容进行讨论发言。

4. 总结评论。由主讲教师对师生讨论中涉及的问题进行归纳，对引导性讲授内容进行补充，并回答同学和其他教师的提问。

（五）课前准备

1. 教师：熟悉教材和教学大纲；通过"雨课堂""课堂派"等在线平台发放案例资料和要求；组织集体备课，妥善安排课堂的讲授与讨论内容上的配合；书写教案，再次讲授同样内容时，根据前次授课效果及时反馈意见并进行适当调整。

2. 学生：课前详细阅读本案例相关内容和要求，充分准备讨论的问题。

（六）课后要求

1. 了解学生对教学的反应，通过"雨课堂""课堂派"等在线平台对课后作业进行督导，并对普遍性问题及时加以解释。

2. 了解听课教师对自己授课情况的评价和建议，发现问题及时改进。

3. 学生应该及时完成课后作业，通过延伸阅读，搜集相近案例资料，为案例的选材及课程论文和毕业论文的写作积累素材。

四、理论链接和延伸阅读

（一）理论知识

1. 时间价值

货币的时间价值是指货币经历一定时间的投资和再投资所增加的价值。时间价值有两种表现形式：一是相对数，即时间价值率，是指扣除风险报酬和通货膨胀后的真实报酬率；二是绝对数，即时间价值额，表现为货币资金在生产经营过程中带来的真实增值额，其大小等于一定数额的货币资金与时间价值率的乘积，即利息，也就是通常我们所说的使用资金的机会成本。

2. 计息方式

单利是指在一定时期内只根据本金计算利息。而复利则不仅对本金计算利息，也对前期的利息计算利息，也就是通常说的"利滚利"。复利的概念充分体现了时间价值的内涵，因为资金可以再投资，而且理性投资者总是追求最大化的利润，因此，在讨论资金的时间价值时，一般都按复利进行计算。

3. 现值和终值

终值是指现在一定量的资金在将来某个时点上的价值。现值是指未来某一时点上一定量资金折合成现在时点上的价值。

4. 终值、现值的计算

（1）一次性收付款项的单利终值和现值

$$终值\ F = P \times (1 + n \cdot i)$$

$$现值\ P = F / (1 + n \cdot i)$$

（2）复利的终值和现值

终值 $F = P \times (1+i)^n = P \times (F/P, i, n)$

现值 $P = F \times (1+i)^{-n} = F \times (P/F, i, n)$

（3）普通年金的终值与现值

年金含义。定期、等额的系列收付款项。

普通年金终值。每期期末等额收付款项 A 的复利终值之和。（图 2-1）

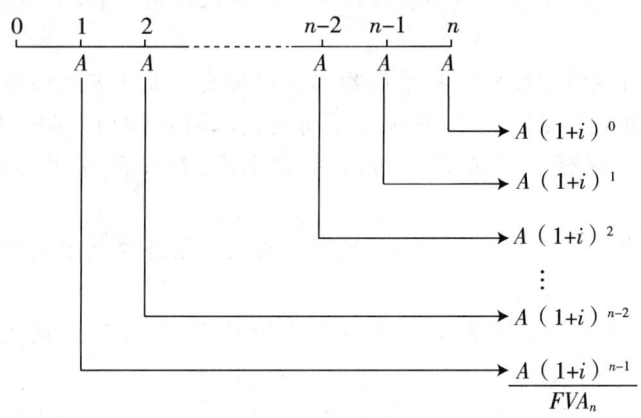

图 2-1　普通年金终值

$F = A \times \dfrac{(1+i)^n - 1}{i}$，其中，$\dfrac{(1+i)^n - 1}{i}$ 被称为年金终值系数（$F/A, i, n$）

普通年金现值。每期期末等额收付款项 A 的现值之和。（图 2-2）

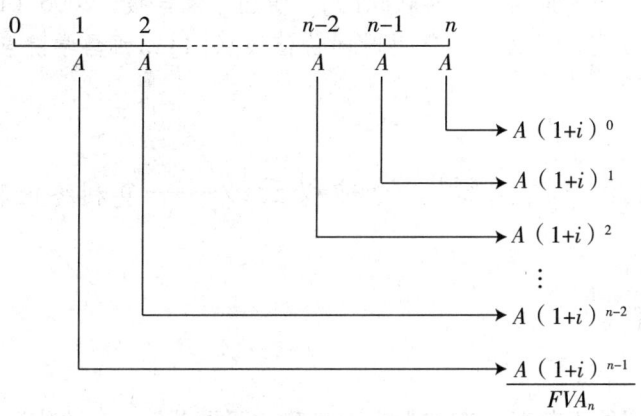

图 2-2　普通年金现值

$P = A \times \dfrac{1 - (1+i)^{-n}}{i}$，其中，$\dfrac{1 - (1+i)^{-n}}{i}$ 被称为年金现值系数（$P/A, i, n$）

5. 年回收额和偿债基金

年回收额。是指在规定年限内等额回收或清偿初始投入的资本或所欠债务，实际是年

金现值的逆运算，即已知现值求年金。年回收额＝现值÷年金现值系数

偿债基金。是指为了在未来某一时点清偿债务而分次等额提取的存款准备金，实际是年金终值的逆运算，即已知终值求年金。偿债基金＝终值÷年金终值系数

（二）延伸阅读

[1] 王新义．不可忽视的货币时间价值理论[J]．通化师院学报（社会科学），1995（29）：42—46．

[2] 白锐．财务管理中货币时间价值的基本计算及应用[J]．产业与科技论坛，2020，19（02）：69—70．

[3] 杨玉国，肖建华．等额本息或等额本金：房贷还款的方式选择——基于购房者角色转换及个税抵扣的思考[J]．现代营销（下旬刊）．2019（04）：44—45．

[4] 程明．货币时间价值在理财投资中的作用[J]．天津市经理学院学报，2008（1）：11—12．

[5] 王庆灵．我国现行利率制度下住房抵押贷款提前还贷问题研究[D]．西南财经大学，2011．

[6] 王觉．通货膨胀条件下货币时间价值的确定[J]．财经问题研究，1995（8）：43—45．

参考文献

[1] 王子龙．货币的时间价值[M]．北京：经济日报出版社．2021．

[2] Stephen A. Ross 等．公司金融[M]．北京：机械工业出版社．2019．

[3] 荆新，王化成，刘俊彦．财务管理学（第8版）[M]．北京：中国人民大学出版社 2018，24—59．

[4] 汪群．对货币时间价值的再认识[J]．黄山学院学报，2006（1）：81—84．

[5] 孟悦，邱亚利，肖必恒．货币时间价值浅探[J]．西昌学院学报·自然科学版，2005（4）：116—117．

第二节 揭开"校园贷"的神秘面纱——复利终值和现值的计算

一、案例内容

（一）引　言

近年来，社会媒体不断曝出高校学生因身陷"校园贷""套路贷"无法偿还巨额债务而自杀的新闻。到底什么是"校园贷""套路贷"？有一段广告词是这样描述的："只要您是在校学生，在线提交信息，支付一定费用，轻松申请信用贷款。"从广告宣传语中，看似校园贷款可以轻松满足高校学生的消费需求，然而，校园屡屡出现的高额校园贷款利息危机事件又是怎么产生的？披着民间借贷外衣行诈骗之实的"套路贷"是如何运作的？究竟是什么"魔力"让借款5万元产生58万多元的欠款，借款4000元又是如何在一年时间

内连本带利滚到 50 余万元的？

（二）案例介绍

某大学大二在校女学生因陷入"校园贷"，不堪还债压力和催债电话骚扰，选择自杀。据央视报道，该女生至少在 5 个"校园贷"平台借款，仅在其中一平台就累计借款 250 多笔，金额高达 57 万多元，自杀前还欠款 5 万余元。其家人曾多次帮助还钱，期间曾收到"催款裸照"。从该女生部分裸贷视频和借贷聊天记录看，借款平台打着"零首付、零风险、无担保、无抵押"的口号，借款利率为"两个月 10 个点"。为何借款会利滚利到 57 万呢？假设借贷 10,000 元，两个月利率 10 个点，实际利息是多少？一年后需要还款多少？三年后需要还款多少？五年后需要还款多少？

二、案例分析

平台提供借款利率两个月 10 个点，即 10%，则年实际利率为 10%×6 = 60%，月实际利率 60% ×（1/12）= 5%，日实际利率为 5% ×（1/30）= 0.167%。按照法律规定，民间借贷年利率不得超过 36%，超过 36% 部分的利息约定无效。在此案例中，年利率已远远高于合法利率。目前，商业银行贷款年利率仅约 5%。

（一）还款总额计算

1. 假设借贷 10,000 元，两月计息一次，两月利率为 10%。

如果一年后还款，按复利终值计算需要连本带利还款：

$F = 10,000 \times (1 + 10\%)^6 = 17,716$

一年期需要支付利息 7,716 元。

如果三年后还款，两月计息一次，按复利终值计算需连本带利还款：

$$F = 10,000 \times (1 + 10\%)^{3 \times 6} = 55,599$$

三年期需要支付利息已增加到 45,599 元。

如果五年后还款，两月计息一次，按复利终值计算需要连本带利还款：

$$F = 10,000 \times (1 + 10\%)^{5 \times 6} = 174,494$$

五年期需要支付利息已增加到 164,494 元。

2. 假设借贷 10,000 元，一月计息一次，月利率为 5%。

如果一年后还款，按复利终值计算需要连本带利还款：

$$F = 10,000 \times (1 + 5\%)^{12} = 17,958$$

一年需要支付利息 7,958 元。

如果三年后还款，一月计息一次，按复利终值计算需要连本带利还款：

$$F = 10,000 \times (1 + 5\%)^{3 \times 12} = 57,918$$

三年期需要支付利息已增加到 47,918 元。

如果五年后还款，一月计息一次，按复利终值计算需要连本带利还款：

$$F = 10,000 \times (1 + 5\%)^{5 \times 12} = 186,791$$

五年期需要支付利息已增加到 176,791 元。

3. 假设借贷 10,000 元，假设每日计息一次，日利率为 0.167%。

如果一年后还款，按复利终值计算需要连本带利还款：

$$F = 10,000 \times (1 + 0.167\%)^{30 \times 12} = 17,979$$

一年需要支付利息 7,979 元。

如果三年后还款,每日计息一次,按复利终值计算需要连本带利还款:

$$F = 10,000 \times (1 + 0.167\%)^{3 \times 360} = 58,117$$

三年期需要支付利息已增加到 48,117 元。

如果五年后还款,每日计息一次,按复利终值计算需要连本带利还款:

$$F = 10,000 \times (1 + 0.167\%)^{5 \times 360} = 187,862$$

五年期需要支付利息已增加到 177,862 元。

表 2-3 不同计息期限下还款本息和(单位:元)

期限	两月计息一次,两月利率 10%			每月计息一次,月利率 5%			每日计息一次,日利率 0.167%		
	1 年	3 年	5 年	1 年	3 年	5 年	1 年	3 年	5 年
本息和	17,716	55,599	174,494	17,958	57,918	186,791	17,979	58,117	187,862

4. 假设借贷 10,000 元,每日计息一次,日利率为 1.1%,如果一年后还款,按复利终值计算需要连本带利还款:

$$F = 10,000 \times (1 + 1.1\%)^{360} = 306,351$$

学生网贷平台年化借款利率普遍较高,有的年利率高达 70% 以上,更有日利率达到 10% 的。通过案例分析,我们可以看到:利率越高,到期还款额越高;期限越长,到期还款额越高;计息次数越多,到期还款额越高。

(二) 实际利率计算

假设月利率为 5%,每月计息一次,实际年利率是多少呢?

$$实际年利率 = \left(1 + \frac{r}{m}\right)^m - 1 = (1 + 5\%)^{12} - 1 = 80\%$$

实际年利率达到 80%,高于名义年利率 60%;实际月利率为 6.67%,高于名义月利率。通过分析,我们可以得到:①当计息周期为一年时,名义利率与实际利率相等;计息周期短于一年时,实际利率大于名义利率;②名义利率越大,计息周期越短,实际利率与名义利率的差值就越大;③名义利率不能完全反映资金的时间价值,实际利率才真实地反映了资金的时间价值。

(三) 政策规定

2017 年,银监会、教育部、人力资源和社会保障部联合开展"校园贷"整治,从源头治理乱象,防范和化解校园贷款风险。一是有针对性地开发高校助学、培训、消费、创业等金融产品;二是完善相应制度和监管约束;三是一律暂停网贷机构开展在校大学生网贷业务,逐步消化存量业务。国家已明令禁止"校园贷"。

(四) 案例启示

尽管国家明令禁止"校园贷",但一些网络借贷平台改头换面,通过网站、APP 及校园代理等渠道开展业务,以"现金贷""美容贷""培训贷""手机回租贷"名义,用

"分期偿还""低利息""零利息"诱导学生步入陷阱。校园贷以"砍头息""手续费"等方式抬高利率，或是以日利率的幌子蒙骗学生，实际上年利率远超过监管红线。因此，我们得到以下启示：一是如有贷款需求，尽量找正规的银行或金融机构，这些机构的贷款产品相对信息透明，可以有效降低风险；二是个人借贷前需认真计算实际贷款利率，对比分析商业银行信用贷款的综合成本，警惕"免费""免息""零利率"等各种噱头诱惑，运用财务知识进行个人理财，提高财产安全意识和自我保护意识，防范、化解贷款风险；三是"量力而贷"，珍惜信用记录。

三、教学设计

（一）教学目的

通过对本案例的学习，可缩短教学情境与实际生活情境的距离，做好财务管理理论与社会实践的有效衔接。要求学生在理论层面掌握货币的时间价值、终值、现值、单利、复利的概念和相关计算，在实践层面了解"校园贷"的利息计算，在思政层面对上述案例中利滚利的形成和后果进行思考和总结，在科研层面了解公司财务案例素材的收集、整理以及案例论文的写作方法。

（二）课程思政

1. 弘扬勤俭节约传统美德，树立正确的消费观，不虚荣，不攀比，良性消费，防止冲动消费，合理规划自己的日常消费，量入而出，发扬艰苦朴素、勤俭节约的良好传统。

2. 如确实需要贷款，务必与家长协商，选择生源地、校园地国家助学贷款，或到正规银行机构、信用社机构办理商业贷款，坚决不做"卡奴""贷奴"，购物分期需量力而行，切忌以贷还贷。

3. 培养信用意识和契约精神，珍惜个人信用记录，按时还款。

4. 注意对个人信息管理，不出租、出售、出借本人身份证件和银行账户，不宜随意向他人透露身份证、学生证、支付宝、银行卡账户信息，以免被有心人用作其他用途。

5. 强化法律意识，不触碰法律这条红线。如果深陷网贷陷阱，一定要寻求警方的帮助，寻求法律的保护，不可走向极端。

6. 无论在任何场合之下，谨慎充当担保人；不要用自己的身份信息替他人贷款，否则要承担贷款连带责任或还款责任。

（三）教学方法

1. 任务驱动式教学

在社会、企业的真实情景中，以明确的问题动机为任务驱动，让学生带着任务进行自主探索和互动协作学习，在完成既定任务的同时，提高解决、分析问题能力。

2. 案例教学

通过经典或典型案例，模拟或重现现实生活场景，让学生进入案例场景，通过讨论或者研讨来进行学习，强调"全面预习→积极讨论→提炼反思"三环节。

3. "翻转课堂"

学生组成若干讨论小组，结合案例涉及知识点进行理论"渗透"和实践"转化"，在课堂上利用"翻转课堂"的形式深入浅出,缩短教与学的距离。

(四)教学过程

1. 引导性讲授。由教师作3—5分钟的引导性发言,介绍本案例中涉及的相关政策法规、案例背景及专业术语等内容,引入教学任务。

2. 播放"校园贷"视频,讲述校园真实案例,让学生深入了解"校园贷"的危害,引起学生关注。播放纪录片《成为巴菲特》,让学生通过股神巴菲特视角了解复利的本质。

3. 案例讲授。由案例小组进行案例的详细介绍。

4. 评论发言。案例讲解结束后,其他同学对本案例相关内容进行评论。

5. 总结评论。由主讲教师对师生讨论中涉及的问题进行归纳,对引导性讲授内容进行补充,并回答同学和其他教师的提问。

(五)课前准备

1. 教师:熟悉教材和教学大纲;通过"雨课堂""课堂派"等在线平台发放案例资料和要求;组织集体备课,妥善安排课堂讲授与讨论在内容上的配合;书写教案,再次讲授同样内容时根据前次授课效果及时反馈意见。

2. 学生:课前详细阅读本案例相关内容和要求,相关讨论组需准备好案例讲解资料,非讨论组同学应该充分阅读案例,准备讨论的问题等。

(六)课后要求

1. 了解学生对教学的反应,通过"雨课堂""课堂派"等在线平台对课后作业进行督导,并对普遍性问题及时加以解释。

2. 了解听课教师对自己授课情况的评价和建议,发现问题及时改进。

3. 学生应该及时完成课后作业,通过延伸阅读,搜集相近案例资料,为案例的选材及课程论文和毕业论文的写作积累素材。

四、理论链接和延伸阅读

(一)理论知识

1. 复利计息。既对本金计算利息,也对前期的利息计算利息,各期利息不同。

2. 复利终值和现值的计算。

$$终值 F = P \times (1+i)^n = P \times (F/P, i, n)$$
$$现值 P = F \times (1+i)^{-n} = F \times (P/F, i, n)$$

3. 利率越高,复利终值越大;复利次数越多,复利终值越大;复利期数越多,复利终值越大;贴现率越高,复利现值越小;贴现期数越长,复利现值越小。

(二)延伸阅读

[1] 格伦·阿诺德. 巴菲特的第一桶金 [M]. 北京:机械工业出版社,2020.

[2] 纪录片《成为沃伦巴菲特》.

[3] 银保监会同公安部、国家市场监督管理总局、中国人民银行,联合发文《关于规范民间借贷行为维护经济金融秩序有关事项的通知》(银保监发〔2018〕10)http://www.cbirc.gov.cn/cn/view/pages/ItemDetail.html?docId=178662&itemId=928&generaltype=0.

［4］中国人民银行、中国银行保险监督管理委员会网站。

参考文献

［1］Stephen A. Ross 等．公司金融［M］．北京：机械工业出版社，2019．

［2］荆新，王化成，刘俊彦．财务管理学（第8版）［M］．北京：中国人民大学出版社，2018，24—59．

［3］陈薇．"互联网+"背景下大学生金融风险防范对策研究［J］．法制与社会，2020（11）：57—58．

［4］李昊，徐嘉敏．后疫情时期"校园贷"治安风险与对策研究［J］．经营与管理，2020（12）：96—100．

［5］钱宇峰．"校园贷"的危害与青少年学生自我保护［J］．法制与社会，2018（32）：139—140．

第三章 筹资管理

第一节 RT有限责任公司两次分拆上市

一、案例内容

（一）引 言

筹资是企业资金获取的重要渠道，也是企业发展所依赖的重要资源，其中作为外部筹资方式之一的分拆上市已经越来越受到上市企业的青睐。我国现行分拆上市主要使用狭义分拆上市，即已上市公司将独立出来的子公司或部分业务再次公开招股上市。

2000年10月底，由RT有限责任公司拆分的部分资产形成的RT科技发展股份有限公司在中国HK联交所创业板挂牌上市，RT有限责任公司的第一次拆分是当时中国资本市场成功完成分拆上市的典型案例企业。2013年5月，RT有限责任公司首次拆分后的RT科技进行二次拆分，拆分得到的RT国药在联交所创业板上市，成为中国二次拆分概念股的领头羊。RT有限责任公司两次分拆上市，均引起了市场的广泛关注，但两次分拆上市带给RT有限责任公司的意义和结果却是不一样的。

（二）公司基本情况

RT有限责任公司已经形成了在集团整体框架下发展现代制药业、零售商业和医疗服务等板块，拥有境内、境外多家上市公司，零售门店近千家，海外合资公司（门店）数十家，遍布几十个国家和地区。RT有限责任公司由于经营的中医药文化也进入国家非物质文化遗产名录，RT有限责任公司的社会认可度、知名度和美誉度不断提高。

RT有限责任公司建立了五个生产基地，拥有数十条生产线，能够生产近三十个剂型、千余种产品。全部生产线通过国家GMP认证，其中10条生产线通过澳大利亚TGA认证，为其实现生产、研发和营销的国际化打下了良好基础。

（三）案例过程

1. 第一次拆分

RT有限责任公司是中国资本市场上分拆上市的典型案例企业。2000年10月，由RT有限责任公司拆分的部分资产形成的RT科技发展股份有限公司在中国HK联交所创业板挂牌上市。这是中国资本市场上千家上市公司中的分拆上市成功的明星案例。在国内创业板紧锣密鼓的筹备阶段，在A股市场，虽然许多上市公司不久前还雄心万丈地计划拆分上国内创业板，但都遭遇了政策障碍，于是RT科技HK创业板挂牌便尤为引人瞩目。

RT科技在HK发行H股7000多万股（不含超额认购部分），股票面值1.00元人民币，每股发行价3.28港元，集资23878万港元（不含超额认购部分），获二十多倍超额认购。交易首日以4.30港元报收，比其招股价高出近三成。RT科技设立时发起人认购的RT科技的全部股份为11000万股，公开发行（H股）前RT有限责任公司A股持有RT科技90%多的股份，公开发行后RT有限责任公司A股持有RT科技近60%的股份。与此同时，上市公司RT有限责任公司也因为分拆上市获得了原有投资者的青睐，股票价格节节上升。

2010年RT科技成功由HK联交所登陆主板后，合并报表使RT有限责任公司A股实现盈利2亿多，收入涨幅超过50%，利润的增长幅度超过30%，可以说不但赚到了另一个"RT有限责任公司"，而且通过分拆上市实现了制度创新，注入了高科技内涵，为RT有限责任公司的发展壮大了市场。

2. 第二次拆分

2004年3月，RT国药于HK注册成立，其法定股本为10,000股每股面值1港元的股份。2005年6月，RT国药法定股本增至1亿港元，并于当日向RT有限责任公司股份及RT科技发行及配发额外29,399,999股和30,599,999股每股面值1港元的股份。于完成股份转让及股份配发后，RT有限责任公司股份及RT科技分别持有RT国药49%和51%的股权。

2010年10月，RT国药法定股本增至10亿港元，当日通过资本化发行分别向RT有限责任公司股份及RT科技配发57,820,000股和60,180,000股每股面值为1港元的股份。当日同时向RT有限责任公司股份及RT科技配发7,274,378股和16,156,095股每股面值为1港元的股份，分别向RT有限责任公司股份收购其RT有限责任公司（保宁）和RT有限责任公司（泰国）51%和49%的股权，以及向RT科技收购其RT有限责任公司（马来西亚）、RT有限责任公司（澳门）、RT有限责任公司（加拿大）和RT有限责任公司（印尼）的60%、51%、51%和50%的股权。同日与RT有限责任公司国际订立股权转让协议，以17,382,623港元从RT有限责任公司国际处获得RT有限责任公司（新加坡）51%的股权、RT有限责任公司（文莱）51%的股权以及RT有限责任公司（澳大利亚）75%的股权。股份配发完成后，RT有限责任公司股份和RT科技分别持有RT国药46.91%和53.09%的股权。

2013年3月，RT国药进行股权拆分，法定股本增至20亿股；已发行或将予发行的缴足股份402,860,946股。根据2013年4月股东通过的决议案，将RT国药股份溢价的进账额98,569,527港元当作资本以按面值全数缴足197,149,054股份，加上根据股份发售将予发行的股份2亿股，RT国药预计缴足的总股数为8亿股。2013年5月，RT国药于联交所创业板上市，发售股份20亿股，每股发行价3.04港元，面值为每股0.5港元；其中10亿股为预留股份，供持有RT科技的符合资格股东优先认购。2013年5月，0.3亿股超额配股权被全部行使，RT国药缴足股份数增为8.3亿股。

二、案例分析

(一) 第一次拆分

RT有限责任公司第一次分拆上市时实行了母子公司业务分离,具有较为明显的消除多元化效果。第一次拆分后对RT有限责任公司的影响,我们总结为以下几点:

1. 投资收益的提高

RT有限责任公司股份有限公司会因为RT科技的成功上市获得巨额的投资收益。若以市场价格计算RT有限责任公司股份公司对RT科技的投资,按照3.28港元的发行价格,RT有限责任公司股份公司的投资市值将达到3.28亿港元,减去1亿元人民币的初始投资,投资收益达2.28亿元人民币以上。

2. 成长能力的增强

RT科技的分拆上市能使RT有限责任公司股份公司的盈利能力得以持续、大幅地加强和提升。在RT科技利用上市募集资金投资的项目中,包括在境外联合实力企业共同建立中药生产基地及新药研发中心、建立全球医药电子商务系统、进军生物制药等,每一个项目都经过长时间的筹备,具有成长性。

3. 投资风险的降低

RT有限责任公司股份有限公司上市的主板市场是以风险低、收益稳定为特征的。而RT科技上市的创业板不同于主板市场,是一个风险投资的市场,该市场上的投资者愿意投资于高科技、高风险、高成长的风险企业。RT有限责任公司股份公司拆分部分高科技业务和资产组建RT科技,在HK创业板上市,就是利用国际风险投资者的资本发展高科技业务。投资成功了,RT有限责任公司股份公司的股东将享受绝大部分的高收益;失败了,承担高风险的主要是通过创业板市场投资于RT科技的投资者。分拆上市能最大限度地控制母公司股东投资高科技的高风险,促进母公司的稳健发展。

4. 国际发展战略的推进

RT科技的拆分上市是迄今已有330多年历史的RT有限责任公司进军国际医药主流市场的战略部署的关键一步。一方面,RT有限责任公司拥有了国内、国际两条融资渠道,在利用国际资本方面取得突破;同时,可以借助和记黄埔世界一流的企业管理机制、经营人才及强大的国际市场营销和推广渠道,加快进军国际医药市场的进程。RT科技在HK创业板上市,为中药现代化创造了有利的条件。HK是国际金融商业中心,在资金、管理、国际营销、知识产权保护等方面拥有内地无法比拟的巨大优势。RT科技计划在港建立科技开发基地、生产基地,以HK为基础建立全球性的营销网络。随着这些项目的完成,RT有限责任公司将形成符合国际标准的中药科研、生产、市场推广的现代化、科学化体系。

从RT有限责任公司股份公司历时两年成功完成分拆上市的过程来看,上市公司分拆上市无疑具有积极意义:对于母公司而言,将旗下的高科技项目分拆上市,使得母公司的绝对价值和相对价值都相应提升,母公司的资本实力也因此得到提高,并可借拆分上市腾出的资金和精力用于培育新的成长项目,从而促使联合体中的各公司准确定位,更有效地实施公司集团的内部管理战略和外部竞争战略。对拆分出来的公司而言,高科技公司直接上市,将使得这些高成长的公司直接进入资本市场,借助创业板块市场的灵活融资政策,获得发展所需要的资金。从管理上看，由于高科技公司本身和母公司都处于成长期，所以两者的管理机制、信息披露等都有很多的区别，他们和母公司的关联度低，因此可以通过拆分从母公司中独立出来，使得这些高科技公司能更灵活的应对特定的市场变化形势，获得更大的发展空间，从而保持较高的活力和竞争优势。

（二）第二次拆分

RT有限责任公司的第二次拆分，即RT科技拆分为RT国药，由主板市场公司拆分为子公司到创业板上市，总体来说并没有给RT科技带来正的溢价效应，反而使公司财富相对发生缩水。可以从以下几方面分析二次拆分对RT有限责任公司的影响。

1. 一定程度的财务数据提升

RT国药的分拆上市同时促进了RT有限责任公司股份、RT科技及自身偿债能力的增强及资产质量的提升；但除其自身盈利能力有所提升外，此次分拆对RT有限责任公司股份和RT科技的盈利能力均无明显的促进作用。

2. 分拆上市目标不明确带来的负效应

在营运能力和成长能力方面，一方面，尽管RT国药在2013年上市后将母公司的代理业务转换为从母公司和间接控股公司购入产品且增加购买额，但由于RT有限责任公司在实施二次分拆上市后存在信息披露不充分等问题，致使RT有限责任公司的二次分拆上市的动机受到质疑，子公司股价和营运能力也仅在上市当年表现稍好，在随后年度内下降。另一方面，由于与RT有限责任公司品牌共用以及母子公司之间的相互竞争和传染，RT科技和RT有限责任公司股份亦受RT有限责任公司后续经营的影响，导致其营运能力和成长能力均有所下降。

3. 品牌知名度有所提升

RT有限责任公司二次拆分后，集团规模不断扩大，人才数量和质量均有所提升。同时，RT有限责任公司二次分拆上市后，RT国药积极发展海外分支机构，加大企业品牌宣传力度，使得集团地位、品牌知名度以及产品国际化程度均获得了一定的提升。

综上所述，虽然分拆上市有可能使母公司在短期内圈钱成功，但随着投资者越来越理性，信息获取能力越来越高，如果分拆上市的目标不明确（不是从提高信息透明度和管理效率等出发），拆分方法不合理（拆分后的母公司或者子公司缺乏持续发展能力），反而可能会使投资者失去信心，导致市场反应冷淡。

分拆上市，为我国上市公司的资本运营带来了新的思路，标志着我国证券市场的资产重组正逐步走向深入。但我们必须看到，分拆上市其实是一把双刃剑，并非一"拆"就灵。只有当一间上市公司市值达到一定规模，业务基础扎实，且具有一流的管理水平时，分拆上市才会是一种明智的选择。如果企业不充分认识到这一点，最终可能适得其反。

三、教学设计

（一）教学目的

通过对本案例的学习，要求学生在理论层面掌握分拆上市的基本理论以及分拆上市与融资的内在机理，在实践层面了解RT有限责任公司两次分拆上市的事件始末，对该事件进行思想政治层面的思考和总结，在教学层面了解公司财务案例的讲授方法和注意事项，在科研层面了解公司财务案例素材的收集、整理以及案例论文的写作方法。

（二）课程思政

1. 通过对本案例的系统学习，培养学生正确的世界观、人生观和价值观。

2. 要求学生对筹资决策进行思考，分析案例中 RT 有限责任公司二次拆分的策略选择。要求学生严格遵守会计、财务管理法律规范和职业道德规范，牢固树立底线思维，遵从时代职业操守，做一名合格的会计人、财务人。

3. 通过对案例的深入学习，使学生学会思考如何树立正确的社会主义核心价值观。

（三）教学方法

本案例教学采用的教学方式为课堂理论讲授+任务驱动式教学+"情景式"教学，具体做法如下：

1. 课堂理论讲授教学过程中强调学习中"三环节"，即"预习"+"练习"+"复习"="学习"。

2. 任务驱动式教学强调在学习巩固本章节内容过程中，学生在教师的帮助下，紧紧围绕该章主题作为任务活动中心，在强烈的问题意识驱动下，通过对学习资源的积极主动应用，进行自主探索和互动协作的学习；在完成本章理论知识学习的既定任务时，教师引导学生进行案例研习的实践活动，为"翻转课堂"做准备。

3. 采用"情景式"教学方法。让学生通过阅读，熟悉案例和相关资料，抓住主线，进入事实情境和设定情境，启动自身全部经验、知识和热情，围绕主线，消化案例材料中所含的所有相关信息，最充分、自由地表达意见；同时，教师给学生以适当的分析、提示和启发。

（四）教学过程

1. 引导性讲授。由教师对本节相关理论知识点以提问的方式进行全面回顾。

2. 案例讲授。由教师进行案例的详细介绍。

3. 讨论发言。案例讲解结束后，全班同学对本案例相关内容进行讨论发言。

4. 总结评论。由主讲教师对师生讨论中涉及的问题进行归纳，对引导性讲授内容进行补充，并回答同学和其他教师的提问。

（五）课前准备

1. 教师：熟悉教材和教学大纲；通过"雨课堂""课堂派"等在线平台发放案例资料和要求；组织集体备课，妥善安排课堂的讲授与讨论内容上的配合；书写教案，再次讲授同样内容时根据前次授课效果及时反馈意见。

2. 学生：课前详细阅读本案例相关内容和要求，充分准备讨论的问题。

（六）课后要求

1. 了解学生对教学的反应，通过"雨课堂""课堂派"等在线平台对课后作业进行督导，并对普遍性问题及时加以解释。

2. 了解听课教师对自己授课情况的评价和建议，发现问题及时改进。

3. 学生应该及时完成课后作业，通过延伸阅读，搜集相近案例资料，为案例的选材及课程论文和毕业论文的写作积累素材。

四、理论链接和延伸阅读

（一）理论知识

1. 筹资方式

（1）根据资金获取渠道的不同，有发行债券筹资和股权出售投资两种。

（2）根据资金筹措时间的不同有长期和短期之分。

（3）根据所筹集资金的获取对象可以分为内部筹资和非内部筹资。

2. 上市的定义

上市是一个证券市场术语。狭义的上市即首次公开募股 Initial Public Offerings（IPO），指企业通过证券交易所首次公开向投资者增发股票，以期募集用于企业发展资金的过程。当大量投资者认购新股时，需要以抽签形式分配股票，又称为抽新股，认购的投资者期望可以用高于认购价的价格售出。在中国环境下，上市分为中国公司在中国境内上市或上海、深圳证券交易所上市（A 股或 B 股）、中国公司直接到境外证券交易所（比如纽约证券交易所、纳斯达克证券交易所、伦敦证券交易所等）（H 股）以及中国公司间接通过在海外设立离岸公司并以该离岸公司的名义在境外证券交易所上市（红筹股）三种方式。

因此，广义的上市除了公司公开（不定向）发行股票，还包括在中国多层次资本市场挂牌交易，以及新产品或服务在市场上发布/推出。

3. 分拆上市

分拆上市指一个母公司通过将其在子公司中所拥有的股份，按比例分配给现有母公司的股东，从而在法律上和组织上将子公司的经营从母公司的经营中分离出去。分拆上市有广义和狭义之分。广义的拆分包括已上市公司或者未上市公司将部分业务从母公司独立出来单独上市；狭义的拆分指的是已上市公司将其部分业务或者某个子公司独立出来，另行公开招股上市。分拆上市后，原母公司的股东虽然在持股比例和绝对持股数量上没有任何变化，但是可以按照持股比例享有被投资企业的净利润分成，而且最为重要的是，子公司分拆上市成功后，母公司将获得超额的投资收益。

（二）延伸阅读

[1] 郭海星，万迪昉. 分拆上市相关研究综述[J]. 证券市场导报，2010（02）：61—67.

[2] 康泽. 我国上市公司分拆上市的价值效应研究[D]. 兰州商学院，2014.

[3] 李憨劼. 我国集团公司上市方式与财务战略、财务政策、财务绩效相关性研究[D]. 西南财经大学，2011.

[4] 林旭东，唐明琴，程林，聂永华. 分拆上市的价值创造：来自中国市场的实证研究[J]. 南方经济，2015（07）：47—60.

[5] 李燕，何滨妤. 公司分拆上市法律监管的制度逻辑与建构[J]. 西南政法大学学报，2017，19（04）：121—129.

[6] 肖爱晶，耿辉建. 企业分拆上市的动因及绩效研究[J]. 财会通讯，2019（11）：52—56.

[7] 叶丰源．我国境内上市公司分拆上市的研究[D]．西南财经大学，2013．

[8] 俞艳．我国上市公司分拆上市的股价效应研究[D]．对外经济贸易大学，2014．

参考文献

[1] 李孟菲，张国胜．分拆上市是公司融资的最佳选择吗——以同仁堂两次拆分上市为例[J]．现代商业，2014（27）：58—59．

[2] 刘文馨．基于同仁堂分拆上市财务效应的案例研究[D]．对外经济贸易大学，2014．

[3] 刘泽鲭．上市公司分拆上市经济后果研究[D]．北京交通大学，2018．

[4] 任华金．我国上市公司的分拆上市——同仁堂分拆上市成功的启示[J]．软件工程师，2001（01）：62—63．

[5] 王化成，程小可．分拆上市与母公司股权价值研究——"同仁堂"分拆子公司上市的实证分析[J]．管理世界，2003（04）：112—121．

[6] 颜娜．同仁堂二次分拆上市的动机及效果研究[D]．西南政法大学，2018．

[7] 余帆．分拆上市效应评价[D]．厦门大学，2018．

[8] 周黎，赵亚男．上市公司分拆上市研究——基于对同仁堂分拆上市的案例分析[J]．财会通讯，2009（20）：114—115．

第二节　NH 国际融资案例

一、案例内容

（一）引　言

案例企业设定为 NH 国际，其采取的筹资方式的多样化引人注目，先后采用了境外上市、境外存股证上市、国内 IPO、定向增发、银行贷款、公司债券、短期融资券和中期票据等筹资方式。这种多元化的筹资方式和筹资渠道为 NH 国际募集了大量的资金，使得 NH 国际自 2001 年以来进行了近 20 次并购，支撑了 NH 国际经营规模的不断壮大。

（二）公司基本情况

NH 国际电力股份有限公司及其附属公司在全国范围内开发、建设和经营管理大型发电厂，截至 2014 年 12 月拥有权益发电装机容量近 64,000 兆瓦，可控发电装机容量 70,000 多兆瓦，公司境内电厂广泛分布在中国数十个省、市和自治区，在境外 NL 国全资拥有一家营运电力公司。公司是中国最大的上市发电公司之一。

NH 国际成立于 1994 年，同年在全球首次公开发行 12.5 亿股境外上市外资股（外资股），并以 3000 多万股美国存托股份（ADR）在美国纽约证券交易所上市。1998 年，NH 国际外资股在 HK 联合交易所有限公司（HK 联交所）以介绍方式挂牌上市，此后于 1998 年 3 月本公司又成功地完成了 2.5 亿股外资股的全球配售和 4 亿股内资股的定向配售。2001 年 11 月，NH 国际在国内成功发行 3.5 亿股 A 股，其中 2.5 亿股为社会公众股。2001

年 12 月，NH 国际完成了 15 亿股以人民币计价的普通股（A 股）和 5 亿股境外上市普通股（H 股）的非公开发行。2010 年 12 月，完成了 15 亿股 A 股和 5 亿股 H 股的非公开发行。2014 年 11 月，完成了 3.65 亿股 H 股的非公开发行。目前，公司总股本约为 156.98 亿股。

（三）案例过程

1. NH 国际权益资本筹资

（1）1994 年在美国发行存托股

1994 年 6 月 NH 国际成立之初股本是 37.5 亿元，其时 NH 国际在技术和资本方面并没有突出的优势，但电力供应是当时制约经济发展的瓶颈之一，行业前景非常广阔。为了壮大自身的资本和获得可持续发展的资金，NH 国际在 1994 年 10 月选择了以美国存托股的形式（美国存托股代表 40 股外资股）在美国纽约证券交易所上市

（2）1998 年 NH 国际于 HK 上市

1998 年 1 月，NH 国际以介绍上市的方式在 HK 联交所挂牌，实现两地上市。同年 3 月，以国际配售及以 H 股或美国存托股的形式增资扩股，公开发行并配售境外上市外资股 2.5 亿股并发行内资股 4 亿股。

（3）2001 年 NH 国际于国内 A 股市场上市及后续股票变更

2000 年 11 月，NH 国际在国内成功发行 3.5 亿股 A 股，股本总额达 60 亿元，共筹资 27.8 亿元人民币。其中向社会公开发行 2.5 亿股，向 NH 国际电力开发公司定向配售国有法人股 1 亿股。12 月 6 日，公司于上海证券交易所上市交易。

2. NH 国际债务资本筹资

NH 国际债务资本的筹集方式主要有银行借款、公司债券、短期融资券和中期票据等。其中银行借款是债务资本的主要筹集方式，占债务资本总量的 50% 以上；银行借款又可以分为短期借款和长期借款。NH 国际的借款以长期借款为主，近年来长期借款大约是短期借款的 2 倍。

（1）银行借款（见表 3-1）

表 3-1　NH 国际 2001—2015 年银行借款构成及比重

年份	负债总额	借款占负债比重
2001	1,961,788	49.02%
2002	1,811,075	53.75%
2003	1,740,018	61.80%
2004	3,156,818	76.20%
2005	5,093,174	69.59%
2006	6,064,570	70.78%
2007	7,137,361	63.20%
2008	12,301,486	71.35%

续　表

年份	负债总额	借款占负债比重
2009	14,528,025	66.08%
2010	16,309,353	66.98%
2011	19,620,553	63.11%
2012	19,194,363	52.10%
2013	18,623,023	52.87%
2014	18,874,505	53.60%
2015	20,378,987	56.88%

资料来源：2001—2015年NH国际财务报表。

（2）除银行借款外的债务筹资方式

除了银行借款，短期资金、公司债券、可转换债券、中期票据等也是公司主要的债务融资方式，这些筹资方式所募集的债务资金大约占债务资本总额的40%—50%。与银行借款相比，这些债务筹资方式具有差异化的优点。下面，以公司发行的可转换债券与短期融资券为例说明筹资过程：

1. 1997年发行可转债。1997年5月，NH国际计划在纽约股票交易所及卢森堡股票交易所按面值发行本金总值为2亿美元、年利率为1.75%，于2004年到期的可转换债券。主承销商按惯例行使了3000万美元的"超额认购权"，致使本次发行的总额达2.3亿美元。该可转换债券分别于2002年、2003年、2004年转换为境外上市外资股273,960股、27,397,240股、41,040股。

2. 2005—2015年发行短期融资券。2005—2015年短期或超短期融资券的主要用途和目的是趁着国内金融市场资金充裕、资金成本波动不大的现状，继续采用成本较低的短期融资券和其他新型融资产品，以抵减利率上涨带来的冲击和降低筹资风险。NH国际通过发行短期或者超短期融资券，满足了部分资金的需求，其融资成本比同期银行贷款基准利率低得多。NH国际通过经常性的短期融资券的发行，客观上达到了与长期债券相同的融资效果，同时降低了融资成本。

二、案例分析

（一）稳中求进

一般来说，企业大量地募集股权资金或债务资金都有可能导致控制权的丧失。NH国际作为一家非常重要的国有企业，在国内外上市过程中，国资委始终保持对公司的优势持股和绝对控制权。

在控股权稳定的基础上，NH国际十多年来持续快速发展，1994年成立时装机容量只有2900兆瓦，经过多年努力，截至2015年12月拥有权益发电装机容量近75,000兆瓦，可控发电装机容量近83,000兆瓦，是公司成立之初的20余倍。公司已成为国内领先、有世界竞争力的发电公司，是我国最大的发电公司之一，在火电、水电、新能源发电及其配套产业等方面均发展迅速。

（二）动态变化的资本结构

NH 国际的资本结构十多年来实现了动态变化，其资产负债率从 2001 年的 40% 到 2015 年的 67%，呈现出持持续增长的态势。2001—2004 年，公司资产负债率低于 50%，也低于行业均值；2005—2007 年，资产负债率逐年提升，且大于 0.5，和同行业平均水平接近；2008—2012 年，资产负债率大幅提升，维持在 0.75 左右，比同行业平均水平高出 11 个百分点；2013—2015 年，资产负债率呈现下降趋势，由 2003 年的 71% 逐年下降到 2015 的 67%。

（三）筹资地点选择的动机

1. 美国存托股

在美国上市有利于提升企业知名度和股权价值，也有利于满足企业的后续融资需求。对于刚刚成立 3 个月的公司来说，通过 ADR 上市融资是海外初涉美国资本市场时最适合的投资工具，因为 ADR 受到美国证券交易委员会的监管较少，要求较低，较容易上市成功。同时，境外上市有利于提升企业的治理水平。对于一家大型国企来说，境外上市不仅有利于企业融资，而且通过境外上市有利于国企股份制改革，有利于提升公司治理水平。

2. HK 上市

一方面，可满足公司融资需求。通过 HK 上市，公司可以以快捷、便利的方式获取资金。海外上市公司不仅可以筹得资金，现有股东还可以转让其所持的股票。HK 上市可通过使自身遵守 HK 交易规则，从而能够在世界其他国家或者以后回到母国更好地进行融资。另一方面，可拓展产品市场。NH 国际一直奉行国际化战略，HK 上市为快捷占领、扩张产品奠定了基础。NH 国际在港上市时，HK 是全球金融中心之一，在全球资本市场和产品市场都占有重要地位，HK 上市对公司起到了间接的广告宣传作用，让更多的供应商、顾客了解公司，提高了公司的知名度，从而提高了公司产品在海外市场的份额，增强了公司在行业中的竞争力。

3. 回归 A 股

一方面，2000 年 3 月，美国股市结束了长达 10 余年长期上涨的行情，开始大幅下跌，以技术股为主的纳斯达克指数的跌幅更是巨大，2001 年的"9·11"恐怖袭击事件更对美国经济的复苏造成了极大的负面影响，导致反映宏观经济全局的股市、投资、消费、失业等诸多方面的恶性循环，美国经济开始步入衰退。股市的大幅下跌、交投的日趋萎缩严重地影响了国际资本市场的筹资功能。

另一方，与国外同期相比，中国经济基本保持着 7%—8% 左右的较快增长速度，经济的快速增长给中国资本市场的发展提供了强有力的保证。国内资本市场的发展，使证券市场的筹资功能日趋强大。国内外市场市盈率的差异反映到新股发行价格上，表现为国内新股发行价格可以比海外市场的发行价格高出一倍以上。现行股票发行定价机制，意味着有着同样价值的资产在境内可以到更多的资金。且境外上市企业国内融资重获政策许可，在扫除了 H 股、N 股、S 股回内地融资的法律和政策障碍后，作为境外上市企业的 NH 国际在国内融资更为顺理成章。

三、教学设计

(一) 教学目的

通过本案例的学习,要求学生在理论层面掌握公司进行股权和债务融资可供选择的筹资方式及运用每种筹资方式时须考虑的动因和时机选择,在实践层面了解 NH 国际融资多样化的原因和始末,对该事件进行思想政治层面的思考和总结,在教学层面了解公司财务案例的讲授方法和注意事项,在科研层面了解公司财务案例素材的收集、整理以及案例论文的写作方法。

(二) 课程思政

1. 通过本案例的系统学习,培养学生正确的世界观、人生观和价值观。

2. 要求学生对分拆上市进行思考,分析案例中 NH 国际多样化融资的主要特征、事实依据以及区别,让学生进行思想道德层面的思考和讨论。

3. 通过对本案例的深入学习,使学生学会思考如何树立正确的社会主义核心价值观。

(三) 教学方法

本案例采用的教学方式为"翻转课堂",具体做法如下:

1. 教学过程中强调学习的"三环节",即"预习"+"练习"+"复习"="学习"。

2. "翻转课堂"。让学生组成若干讨论小组,结合案例涉及的知识点进行理论"渗透"和实践"转化";同时,教师在课堂上采用"翻转课堂"的形式深入浅出地讲解知识,可缩短教与学的距离,让学生学有所获。

(四) 教学过程

1. 引导性讲授。由教师作 3-5 分钟的引导性发言,介绍本案例中涉及的相关政策法规、案例背景及专业术语等内容。

2. 案例讲授。由案例小组进行案例的详细介绍。

3. 评论发言。案例讲解结束后,其他同学对本案例相关内容进行评论。

4. 总结评论。由主讲教师对师生讨论中涉及的问题进行归纳,对引导性讲授内容进行补充,并回答同学和其他教师的提问。

(五) 课前准备

1. 教师:熟悉教材和教学大纲;通过"雨课堂""课堂派"等在线平台发放案例资料和要求;组织集体备课,妥善安排课堂的讲授与讨论内容上的配合;书写教案,再次讲授同样内容时根据前次授课效果及时反馈意见。

2. 学生:课前详细阅读本案例相关内容和要求,相关讨论组需准备好案例讲解资料,非讨论组同学应该充分阅读案例,准备讨论的问题等。

(六) 课后要求

1. 了解学生对教学的反应,通过"雨课堂""课堂派"等在线平台对课后作业进行督导,并对普遍性问题及时加以解释。

2. 了解听课教师对自己授课情况的评价和建议，发现问题及时改进。

3. 学生应该及时完成课后作业，通过延伸阅读，搜集相近案例资料，为案例的选材及课程论文和毕业论文的写作积累素材。

四、理论链接和延伸阅读

（一）理论知识

1. 股权融资

股权融资是指企业的股东愿意让出部分企业所有权，通过企业增资的方式引进新的股东，同时使总股本增加的融资方式。股权融资所获得的资金，企业无须还本付息，但新股东将与老股东同样分享企业的赢利与增长。股权融资的特点决定了其用途的广泛性，既可以充实企业的营运资金，也可以用于企业的投资活动。股权融资按融资的渠道来划分，主要有两大类：

第一，公开市场发售。所谓公开市场发售就是通过股票市场向公众投资者发行企业的股票来募集资金，包括我们常说的企业的上市、上市企业的增发和配股都是利用公开市场进行股权融资的具体形式。

第二，私募发售。所谓私募发售，是指企业自行寻找特定的投资人，吸引其通过增资入股企业的融资方式。因为绝大多数股票市场对于申请发行股票的企业都有一定的条件要求，例如《首次公开发行股票并上市管理办法》要求公司上市前股本总额不少于人民币3000万，因此对大多数中小企业来说，较难达到上市发行股票的门槛，私募成为民营中小企业进行股权融资的主要方式。

2. 债务融资

债务融资是指企业通过向个人或机构投资者出售债券、票据筹集营运资金或资本开支。个人或机构投资者借出资金，成为公司的债权人，并获得该公司还本付息的承诺。

债务融资类型结构，即不同来源的债务比例对公司治理的影响。企业债务主要包括以下几种类型：商业信用、银行信贷、企业债券、租赁等。不同类型的债务对于约束代理成本各有其特点，而多样化的债务类型结构有助于债务之间的相互配合并实现债务代理成本的降低。

3. 筹资方式

筹资方式（Financing Modes）是指可供企业在筹措资金时选用的具体筹资形式。我国企业主要有以下几种筹资方式：①吸收直接投资；②发行股票；③利用留存收益；④向银行借款；⑤利用商业信用；⑥发行公司债券；⑦融资租赁；⑧杠杆收购。其中前三种方式筹措的资金为权益资金，后几种方式筹措的资金是负债资金。

筹资渠道解决的是资金来源问题，筹资方式则解决通过何种方式取得资金的问题，它们之间存在一定的对应关系。一定的筹资方式可能只适用于某一特定的筹资渠道，但是同一渠道的资金往往可采用不同的方式取得，同一筹资方式又往往适用于不同的筹资渠道。因此，企业在筹资时，应实现两者的合理配合。

（1）存托股

存托股是存托凭证的一种。存托凭证（Depository Receipts，简称 DR），又称存券收据或存股证，是指在一国证券市场流通的代表外国公司有价证券的可转让凭证，属公司融资业务范畴的金融衍生工具。

在美国发行的存托股就是美国存托凭证（ADR），它是面向美国投资者发行并在美国证券市场交易的存托凭证。ADR解决了美国与国外证券交易制度、惯例、语言、外汇管理等不尽相同所造成的交易上的困难，是外国公司在美国市场上筹资的重要金融工具，同时也是美国投资者最广泛接受的外国证券形式。美国法律为了保护国内投资者的利益，规定法人机构以及私人企业的退休基金（其资金仍来源于老百姓）不能投资美国以外的公司股票，但对于外国企业在美国发行的DR则视同美国的证券，可以投资。

（2）介绍上市

介绍上市（Way of Introduction）是已发行证券申请上市的一种方式，不需要在上市时再发行新股。因为该类申请上市的证券已有相当数量，并为公众所持有，故可推断其在上市后会有足够的流通量。介绍上市在境外是常见的一种上市模式，截至2012年，中国国内还没有类似的模式。

（3）可转换债券

可转换债券是债券持有人可按照发行时约定的价格将债券转换成公司的普通股票的债券。如果债券持有人不想转换，则可以继续持有债券，直到偿还期满时收取本金和利息，或者在流通市场出售变现。如果持有人看好发债公司股票增值潜力，在宽限期之后可以行使转换权，按照预定转换价格将债券转换成为股票，发债公司不得拒绝。该债券利率一般低于普通公司的债券利率，企业发行可转换债券可以降低筹资成本。可转换债券持有人还享有在一定条件下将债券回售给发行人的权利，发行人在一定条件下拥有强制赎回债券的权利。

可转换性是可转换债券的重要标志，债券持有人可以按约定的条件将债券转换成股票。转股权是投资者享有的、一般债券所没有的选择权。可转换债券在发行时就明确约定，债券持有人可按照发行时约定的价格将债券转换成公司的普通股票。如果债券持有人不想转换，则可以继续持有债券，直到偿还期满时收取本金和利息，或者在流通市场出售变现。如果持有人看好发债公司股票增值潜力，在宽限期之后可以行使转换权，按照预定转换价格将债券转换成为股票，发债公司不得拒绝。正因为具有可转换性，可转换债券利率一般低于普通公司债券利率，企业发行可转换债券可以降低筹资成本。

（4）短期融资券

短期融资券是指具有法人资格的企业，依照规定的条件和程序在银行间债券市场发行并约定在一定期限内还本付息的有价证券。短期融资券是由企业发行的无担保短期本票。在中国，短期融资券是指企业依照《银行间债券市场非金融企业债务融资工具管理办法》的条件和程序在银行间债券市场发行和交易并约定在一定期限内还本付息的有价证券，是企业筹措短期（1年以内）资金的直接融资方式。

（二）延伸阅读

[1] 邓可斌，曾海舰. 中国企业的融资约束：特征现象与成因检验[J]. 经济研究，2014，49（02）：47—60.

[2] 何瑛，张大伟. 管理者特质、负债融资与企业价值[J]. 会计研究，2015（08）：

65—72.

[3] 茅锐. 产业集聚和企业的融资约束[J]. 管理世界, 2015 (02): 58—71.

[4] 田恒. 中国企业多元化经营的绩效及影响因素研究[D]. 武汉大学, 2014.

[5] 魏志华, 曾爱民, 李博. 金融生态环境与企业融资约束——基于中国上市公司的实证研究[J]. 会计研究, 2014 (05): 73—80.

[6] 万良勇, 廖明情, 胡璟. 产融结合与企业融资约束——基于上市公司参股银行的实证研究[J]. 南开管理评论, 2015, 18 (02): 64—72.

[7] 谢军, 黄志忠. 宏观货币政策和区域金融发展程度对企业投资及其融资约束的影响[J]. 金融研究, 2014 (11): 64—78.

[8] 周春波. 投资战略、治理机制与旅游企业融资成本[J]. 旅游学刊, 2014, 29 (08): 50—61.

[9] 祝继高, 韩非池, 陆正飞. 产业政策、银行关联与企业债务融资——基于A股上市公司的实证研究[J]. 金融研究, 2015 (03): 176—191.

参考文献

[1] 高源. 华能国际公司资本结构优化研究[D]. 华北电力大学, 2018.

[2] 卢圣宏. 华能国际电力股份有限公司融资策略评析[D]. 上海财经大学, 2000.

[3] 李诗皓. 中美两国上市公司融资结构稳定性影响因素的实证研究[D]. 湖南大学, 2018.

[4] 彭斯达, 郑成思. 中国境外上市企业股权融资的资金投向使用效率研究——基于企业成长性的视角[J]. 投资研究, 2018, 37 (03): 135—149.

[5] 裴益政, 竺素娥. 财务管理案例（第2版）[M]. 大连: 东北财经大学出版社, 2014.

[6] 魏文, 司祎梅. 电力上市公司资本结构实证研究——以华能国际为例[J]. 财会通讯, 2010 (32): 29—31.

[7] 杨继东, 杨其静, 刘凯. 以地融资与债务增长——基于地级市面板数据的经验研究[J]. 财贸经济, 2018, 39 (02): 52—68.

[8] 杨阳, 干杏娣. 美国非常规货币政策对中国上市公司投资的影响——基于社会融资额与利率传导的视角[J]. 上海金融, 2019 (07): 53—65.

第四章 投资管理案例

第一节 另类的银行理财产品——A银行"原油宝"

一、案例内容

(一)引言

2020年对于全世界来讲,是不平凡的一年。新型冠状病毒在全球蔓延,世界经济也受到了重创,全球资本市场更是出现了许多魔幻事件。2020年3月美国道琼斯指数出现历史上罕见的十天四次熔断,随后的4月国际原油期货也迎来了历史上的首次负值,而国内"A银行原油宝"(以下称"原油宝")黑天鹅事件,也成为我国金融市场上的罕见事件,给金融机构、投资者以及监管机构敲响了警钟。通过对该事件的复盘,能够引发我们对于金融监管的思考,特别是面对今后中国金融市场的逐步开放,我们在构建一个发达、透明、开放、具有财富管理功能的国际化的金融市场的同时,也应该加强金融风险的管控,提高我国金融治理能力。

(二)"原油宝"介绍

1. "原油宝"的含义

"原油宝"是全球排名第一的中文原油行情APP,它以白银、铜、铝、镍、石油等行情、资讯为核心,实现财经要闻、直播室服务、交易喊单和财经日历等多种功能,让投资者提前洞悉原油石油、贵金属等市场行情变化,及时交易,快速获利。A银行于2018年1月开发了"原油宝"产品,为境内个人客户提供挂钩境外原油期货的交易服务,并将其作为一款理财产品,向投资者推广。投资者在A银行开立综合保证金账户后,与A银行签订协议,然后缴纳100%的保证金,就可以通过手机银行、网银以及E融会APP进行做多与做空的原油交易,不允许杠杆交易,如果亏损超过80%将被强制平仓,并且只能现金结算,不能实物交割。A银行作为做市商向投资者提供报价并进行风险管理。A银行的"原油宝"对应的是芝加哥商品交易所(CME)的德州轻质原油(WTI)期货首行合约。该合约按期次发布,并采取"交易品种+交易货币+年份两位数字+月份两位数字"组合方式命名,期次产品在到期前需要投资者主动平仓。

2. "原油宝"的特征

除A银行以外,我国另外几家主要商业银行也有类似原油宝的产品。该类产品属于我国金融机构在金融产品创新道路上研发出来的产物,其本质是一个与原油期货直接挂钩的、风险等级极高的类期货产品。由于目前我国的投资人无法直接到芝加哥商品交易所进行原油期货的买卖,故原油期货的投资人只能选择类似原油宝的产品。该类产品具有如下特征:

(1) 由银行代客户买卖原油期货

按照我国《证券法》的规定,银行不能进行期货投机交易,但由于金融机构之间竞争的加剧,很多银行为了挖掘新的利润增长点,设计出了原油宝等产品,以代客理财的名义为客户交易原油期货。客户在银行开立"原油宝"账户,但该账户只是在银行内部,并没有去境外交易所交易,而是由银行根据客户的指令代为交易。银行在境外交易所开设一个可以直接进行原油期货交易的账户,然后根据国内投资者的报价去境外证券交易所进行交易。银行与投资者之间又按照 A 银行公布的,根据境外期货交易所在北京时间凌晨 2 点 28 分至 2 点 30 分的均价计算的当日结算价进行结算。因此,投资"原油宝"的投资人并没有参与真正的期货交易,而只是由银行代为进行期货交易。

(2) 由银行内部电脑主机系统模拟期货交易场景

为了做到"类似"期货交易,甚至是神似,银行在自己的内部电脑主机系统模拟了原油期货的交易环境,投资者登入原油宝交易系统,可以看到境外原油期货实时变化的交易行情,行情可能会稍有延迟,然后可以根据行情报价买入或卖出。投资者以为自己这样就买进了原油期货,其实自己的报价根本就没有跨出银行的电脑主机系统,投资者的报价是报给银行的,然后银行根据客户的指令在自己的原油宝大账户中买入或卖出(见图 4 - 1)。

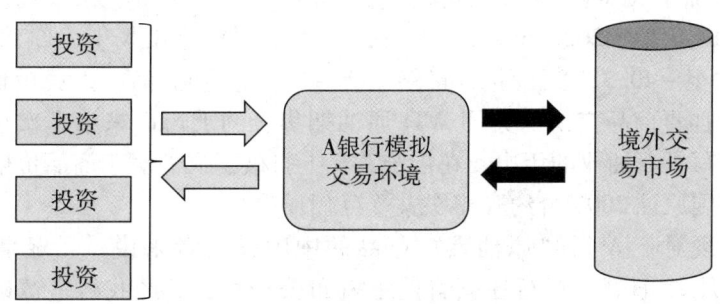

图 4-1 "原油宝"交易过程

(3) 银行汇总买卖后再分配到个人

银行每天都会接到大量客户的交易指令,很多交易指令是零碎的,而且每个客户的报价又不一样。银行不可能一一对应为这些客户到境外期货市场去买卖原油期货,而是将这些交易指令汇总以后再执行,然后再根据自己的买入成本加价分摊给每个客户,只有对大客户才会实时执行买卖指令。这就是买入价和卖出价的由来,这也是银行不会亏的原因。

(4) 投资者个人名下并无原油期货仓位

投资者在"原油宝"上的交易明细都是银行根据自己设置的交易系统生成的,实际是个人与银行之间的交易,投资者并没有实际买入或卖出原油期货,而是银行的原油宝大账户与期货交易所之间进行交易。因此，投资者的原油期货仓位都在银行的名下，从未到过投资者个人的名下。

(5) 没有杠杆的交易不会被强制平仓

"原油宝"类似于股票交易。本来投资者买进股票都是全额付款，不管股价怎么跌，都不可能被强制平仓；只有融资加了杠杆的投资者，才会在股价跌穿平仓线时被强制平仓。因此，"原油宝"本来没有强制平仓的概念，只是当原油期货出现负价格以后，需要持仓者倒贴钱了，才有了强制平仓的概念。

(三) 事件演变过程

1. "负油价"出现

2019年美国原油期货的价格从40美元单边上涨到60美元，但随着2020年新冠肺炎疫情开始在全球蔓延，全球经济被按下了暂停键，飞机停航、工厂停工、车辆停驶，全球对于原油消费的需求骤降，市场信心不足，国际油价走势开始进入下行通道。再加上2020年3月6日沙特阿拉伯与俄罗斯双方围绕石油减产的谈判失败，沙特阿拉伯在狂砸石油价格的同时，还不断增产原油，从而加剧了石油市场的供需失衡，彻底地击垮了石油价格，使得国际油价从3月6日起的40—50美元/桶在11个交易日内累计暴跌约50%，跌至20—30美元/桶。

4月3日芝加哥商品交易所通知，修改了IT系统的代码，允许"负油价"申报和成交，从4月5日开始生效。4月15日芝加哥商品交易所的清算所发布测试公告称，如果出现零或者负价格，所有交易和清算系统将继续正常运行，所有常规交易和头寸处理都可以在清算中执行。

4月20日，加拿大WCS原油的价格直接跌破零，为-0.01美元/桶，国际油价在人类历史上首次出现负值。2020年4月21日，美国原油期货市场上，纽约WTI原油5月2005期货合约跌至-40.31美元/桶，最终结算-37.63美元/桶（人民币价格为-266.12元/桶），成为芝加哥商品交易所集团WTI原油期货合约上市以来第一次负值结算。这些负油价的出现改写了石油业的历史，在传统意义上打破了人们对于商品价格的认识。

2. A行"美国原油2005合约"多头蒙受巨额损失

负油价的出现对于A行"原油宝"产品的中国投资者来说，无疑是一次惊天"噩耗"。2020年4月22日，A银行在其官网上发布公告称："经我行审慎确认，美国时间2020年4月20日，WTI原油5月期货合约CME官方结算价-37.63美元/桶为有效价格。根据客户与我行签署的《A银行股份有限公司金融市场个人产品协议》，我行原油宝产品的美国原油合约将参考CME官方结算价进行结算或移仓。人民币美国原油2005合约的多头与空头平仓结算价为-266.12元/桶，同时，鉴于当前的市场风险和交割风险，我行自4月22日起暂停客户原油宝（包括美油、英油）新开仓交易，持仓客户的平仓交易不受影响。"（见表4-1）这一纸公告的发布，意味着这批A行原油宝的做多客户将承担这次"负油价"的全部损失。

表4-1　A银行公布的原油宝2020年4月22日合约结算价格

合约名称	币种	持仓方向	开平仓	结算价格
美元美国原油2005合约	美元	多头	平仓	-37.63
美元美国原油2005合约	美元	空头	平仓	-37.63
人民币美国原油2005合约	人民币	多头	平仓	-266.12
人民币美国原油2005合约	人民币	空头	平仓	-266.12
美元美国原油2006合约	美元	空头	开仓	20.43
人民币美国原油2006合约	人民币	空头	开仓	144.48

数据来源：A银行官网，2020年4月22日公告。

事实上，按照A银行的交易安排，上述美国原油美油2005期货合约（含美元、人民币）将于4月21日到期，并在4月20日22：00停止交易和启动移仓①或者到期轧差处理②。而在停止交易节点时，报价还为11.7美元。但超过22：00 A银行则不会进行操作。当晚22：00分以后，美国WTI原油5月期货价格出现暴跌，最低跌至-40.32美元/桶，最终收盘报于-37.63美元/桶。至此，国际原油价格的由正转负，加之A银行选择实行等到最后时刻才进行换月交割，导致市场已经没有对手方，才让原油宝陷入大幅亏损、无人接盘的窘境。

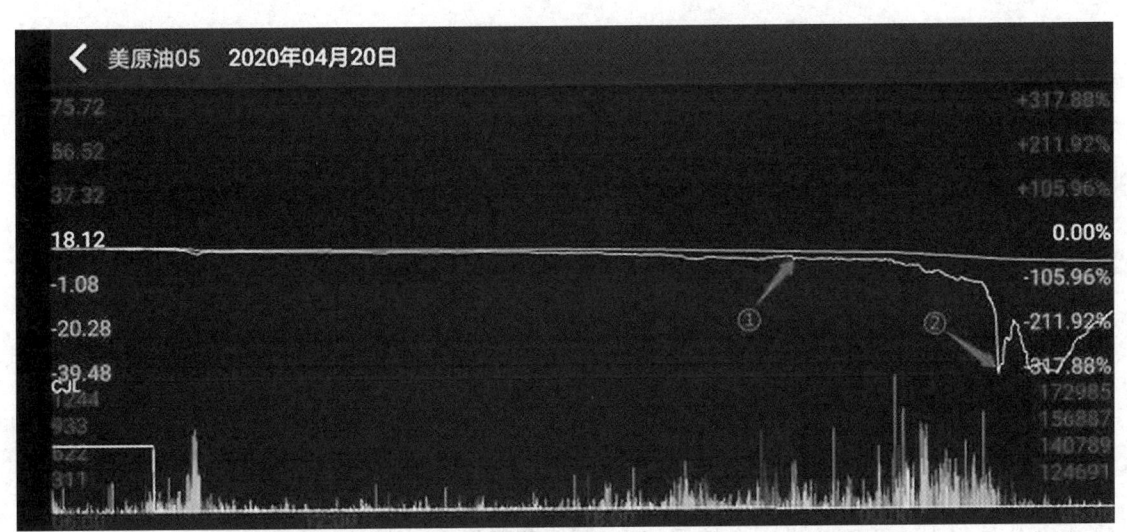

图4-2　2020年4月20日，美国原油2005期货合约交易走势图

数据来源：文华财经。

---

① 移仓，是指以当前持仓合约的相同持仓方向和相同持仓量，将近月的合约向稍远的活跃的合约进行转移的过程。

② 轧差，是指利用抵销、合同更新等法律制度，最终取得一方对另一方的一个数额的净债权或净债务。

从图 4-2 中可以看出，时间①是晚上 10 点，这个时间之后原油宝就不再交易，但是国际原油合约还在交易，当时 10 美元左右；到了凌晨 2 点多，价格开始崩溃跳水，并且在 2 点 30 分（时间②）左右到达最低点，当时的价格是 -40 美元左右，瞬间跌幅超过 300%。虽然后面反弹了，但按照 A 行原油宝的规定，原油宝的定价结算时间就是在 2 点 28 至 2 点 30 这三分钟，所以即便后面反弹涨回来，做多原油宝的投资者已经在那一刻赔光并倒欠钱。

A 行的"原油宝"产品，因为是国内的模拟盘、虚拟盘，所以其交易时间实际上和美国交易所的期货市场的交易时间是不一致的，是完全脱钩的。本应该代替投资者操作的 A 行，在面对着国内虚拟盘上的结算需求，到美国实盘上去操作自己的账户，会发现整个市场上已经没有多头了。于是，产生了巨大的亏损。但是 A 行按照多头与空头平仓结算价 -266.12 元/桶的价格进行清算，实际上属于将自己在实盘上的操作损失，转嫁给国内的虚拟盘投资者来承担。有投资者出具了自己在 A 行开设的账户信息，账户上显示投资本金为 388 万，但按照 -266.12 元/桶的结算价进行清算的话，不仅本金没有了，还要倒欠银行 920 万元。A 行的这种"甩锅"的行为，引起了市场的一片哗然，投资者纷纷指责 A 行投资操作的不专业，以及事后的不负责任行为。事发之后，全国各地投资者通过媒体、法院等各种渠道纷纷控诉 A 银行，同时该事件也引起了社会的广泛关注。

A 银行的举动也引起了股市"蝴蝶效应"。4 月 23 日，A 银行 A、H 股股价集体走低，市值蒸发逾 150 亿元。其中，A 股下跌 1.98%，报 3.46 元/股；H 股下跌 1.37%，报 2.87 港元/股。

3. 事件发展结果

2020 年 4 月 30 日，银保监会相关部门负责人就"原油宝"事件做出回应。该负责人表示：近期，A 银行"原油宝"产品投资出现较大亏损，引起市场和舆论的广泛关注。银保监会对此风险事件高度关注，第一时间要求 A 银行依法依规解决问题，与客户平等协商，及时回应关切，切实维护投资者的合法权益。同时，银保监会要求 A 银行尽快梳理查清问题，严格产品管理，加强风险管控，提升市场异常波动下的应急管理能力。

5 月 4 日，国务院金融委召开第二十八次会议。会议指出，要高度重视当前国际商品市场价格波动所带来的部分金融产品风险问题，增强风险意识，强化风险管控。要控制外溢性，把握适度性，提高专业性，尊重契约，理清责任，保护投资者合法利益。

5 月 5 日晚，A 银行出具该事件的最终解决方案：A 银行自己承担穿仓亏损。同时对于 1000 万以下的原油宝客户，A 行将会按照 4 月 20 晚 22 点的价格赔偿 20% 的保证金；而 1000 万以上的客户，则需要自行承担保证金损失。关于 A 银行的赔偿措施，涉事投资者内部分歧很大。80% 的投资者接受了 A 行的赔偿措施，仍有 20% 的投资者表示不接受赔偿方案，已展开维权，要求按照 4 月 20 日晚 22 点原油合约价格结算。A 银行也表示，正积极与投资者诚挚沟通，在自愿平等的基础上协商和解此次原油宝事件。如无法达成和解，双方可通过诉讼方式解决民事纠纷，A 行将尊重最终司法判决。同时，A 行保留依法向外部相关机构追索的权利。

5 月 19 日，银保监会宣布将对 A 行"原油宝"事件启动立案调查，并提示银行保险机构要进一步提高风险管控能力，提升金融服务水平，同时，提醒金融消费者理性投资，进一步增强风险意识。

二、案例分析和启示

复盘该事件发生的经过,我们大致可以总结出,A行原油宝之所以出现巨额亏损,主要有以下两个方面的原因:

(一)产品设计和操作本身存在漏洞

首先对于移仓日的选择,存在重大的风险。根据期货操作的原则,投资者一般会在交易所提高即将到期合约保证金要求前,或活跃合约切换时完成移仓。规模较大的被动投资者,甚至会选择更早的移仓,从而防止交易本身难以执行或者对市场造成过大的影响。按照A行原油宝合约规则,4月20日22:00启动移仓;但A银行并未成功移仓,这才导致客户出现巨额亏损。其次,A银行的操作者在实际运营中也存在问题,面对市场环境的变化,没有及时采取应有的风险应对措施。在该事件中,当纽约商品交易所在4月15日修改软件编程,认为负油价有出现的可能的时候,A行的操作人员就应该意识到风险的来临,及早采取措施,提前移仓,以避免损失。但事实上,A银行并没有意识到巨大风险的来临,仍鼓动投资者购买该产品。

(二)机构投资者对已经存在的市场流动性风险视而不见

一般而言,专业的投资者对于必须要执行的交易,需要时刻评估可能面临的流动性风险,特别是在自身市场仓位占比很高的背景下。4月中旬,市场上大部分的产业客户、机构投资者和散户都已经从5月合约中撤离,该合约的流动性已经快速枯竭,但A银行仍然选择高仓位持有,这种行为已经在市场上显得格外突兀。A行坚持到最后一天才移仓,这样的操作导致到20号的时候,市场上已经没有了交易对手,A行自己手中的持仓合约想卖也卖不出去。

(三)案例启示

回顾整个"原油宝"事件,我们除了感叹资本市场的险恶之外,还需要从中吸取一些教训。该事件之所以引起国内外的广泛关注,一方面是由于投资者损失金额巨大,另一方面也暴露出我国金融市场存在的一些问题。

1. 投资期货等衍生金融产品时,交割日期起着很重要的作用

期货交割是指期货合约卖方与期货合约买方之间进行的现货商品转移,主要分为现金交割以及实物交割。交割日是指必须进行商品交割的日期。在期货交易中,个人投资者无权将持仓保持到最后交割日,若不自行平仓,其持仓将被交易所强行平掉;只有向交易所申请套期保值资格并批准的现货企业,才可将持仓一直保持到最后交割日,并进入交割程序。

临近交割月的期货交易合约通常蕴含风险。以国内期货交易为例,不同品种的交割规则依据其现货产品的特性有所不同,交易所希望最终进入交割环节的投资者有真实的交割意向且有参与交割的资格。故大部分投资者会通过移仓换月的方式,将持仓进入下一主力合约。

若某一合约在进入交割前,持仓仍然无法下降,则很有可能多空之间的搏杀会进入最

后几个交易日。此时,往往会出现剧烈波动的极端行情,而导致巨大风险。而且,越是临近最后交易日,风险越大,甚至会出现逼仓行情。此次 WTI 原油 5 月合约就出现了类似的问题。

2. 投资者对交割风险、投资风险意识不够

普通以投机为目的的投资者风险意识不强。参与"原油宝"交易的投资者,大部分都是抱着"抄底"的态度去买该产品。这些投资者对于期货投资不具备专业知识,也没有风险管控意识,对于所参与投资的底层标的缺少必要的了解,对境外金融市场的交易规则或细节也不了解;当规则发生变动时,无法预估该变动对于自身利益的实质影响。在全球疫情风险扩散、经济下行、不确定增加的环境下,依然采用传统的投资智慧去看待这些高风险的投资产品,而不是坚持风险第一、盈利第二的投资原则,最终在"羊群效应"下酿成惨剧发生。

3. 对银行类期货产品监管力度不够

首先,从投资者权益角度来看,"原油宝"等此类高风险产品从诞生之初就被包装成银行理财产品,低门槛性、低风险性、低杠杆性等特点是其被宣扬的特点。然而,它本质上却是期货合约,高风险性、高杠杆性才是其"本真"。

其次,从监管方面来看,"原油宝"看似是一种金融产品创新,但在我国现行监管体制下,监管的边界和权责归属却是模糊不清的。事实上,原油宝产品属于类期货合约产品,但其推出的机构却是 A 银行,所以该款产品的监管归属就存在界定不明确的问题,银保监、证监会以及中国期货市场都有对其监管的理由,但又都无法确认。因此,目前我国对于这种"类期货产品"的监管存在盲区,有一定的安全性隐患。此次事件可以看成是中国金融衍生品市场缺乏系统的、总体的监管体制的"镜像"。完善的监管体制可以更好地维持金融市场的稳定运行,保障金融消费者权益。经历"原油宝"事件,新时期中国金融监管体系势必会更加完善、更加稳健、更加有效。

4. 我国金融机构缺乏国际化的金融人才

国际化的竞争其实是人才的竞争。我国要建立国际化的资本市场,金融机构也需要具备国际竞争力,而国际化的人才的缺乏是目前我国金融机构普遍存在的问题。这些国际化的金融人才,不仅需要掌握牢固的银行、证券、法律、保险、期货等知识,还需要有国际化的视野以及丰富的金融市场从业经验。在此次事件中,原油期货交易本没有出现负值的先例,就因为芝加哥交易所修改了交易规则,才促使负值的出现。作为金融经济大户,美国擅长通过设置金融陷阱来让其他国家的投资者为其埋单,而 A 行的风控部门和具体操作人员并没有意识到风险的来临,也没有做出应有的风险应对措施。由此可见,熟悉国内外金融交易知识的人才对我国金融机构的改革至关重要。

由此,我们认为,进一步开放国内的金融市场,与国际金融市场最终实现真正接轨势在必行。

三、教学设计

(一)教学目的

通过对本案例的学习,可加深学生对金融衍生品投资相关知识的理解,以及对国内外

金融衍生品投资的相关法律法规的了解。理论层面，要求学生掌握金融衍生品投资相关含义、具体用意；实践层面，要求学生通过"原油宝"事件的始末，了解衍生品投资的原则以及过程；思政层面，要求学生思考正确的理财观，并对个人财富的投资渠道进行总结；教学层面，要求学生了解财务案例的讲授方法以及注意事项；科研层面，要求学生了解财务案例的收集、整理，以及案例论文的编写方法。

（二）课程思政

1. 通过对本案例的学习，培养学生正确的人生观、价值观以及投资观。

2. 通过对本案例的学习，让学生思考投资风险与收益之间的关系，思考将来如何通过正确的投资方式管理自己的财富。

3. 通过对本案例的深入学习，要求学生思考面对将来的金融机构及金融市场的改革，该如何培养自己的能力，从而应对改革带来的机会，以及将来成为金融从业人员后应具备怎样的责任担当。

（三）教学方法

1. 任务驱动式教学。在社会、企业的真实情景中，以明确的问题动机为任务驱动，让学生带着任务进行自主探索和互动协作学习，在完成既定任务的同时，提高分析和解决问题的能力。

2. 课前在"课堂派"上布置作业。要求学生先熟悉案例基本情况，熟悉期货投资的相关概念及我国期货市场和美国期货市场的交易原则。

3. 在课堂上采用"情景式"教学的方法。让学生通过提前阅读，熟悉相关资料，进入实际情景和设定情景，围绕教师提出的问题，积极思考，充分、自由地发表意见；同时，教师对学生进行积极引导、正确提示。

（四）教学过程

1. 相关概念的复习。在讲述案例之前，首先对学生预习的期货投资相关概念以及期货交易的原则进行抽查。

2. 引导性讲授。先由教师用10—15分钟的时间讲述案例，介绍案例的过程、涉及的理论知识、相关的法律法规，并引导学生思考。

3. 讨论发言。设计场景，并以问题为导向，引发学生进行充分的讨论，并鼓励学生向老师和其他同学提问。

4. 总结评论。由教师对案例讨论过程中涉及的知识、问题，以及讨论过程中的创新点进行归纳总结，并回答学生提出的问题。

（五）课前准备

1. 教师：熟悉理论知识及教学大纲，通过"雨课堂"及"课堂派"的形式，向学生发放案例资料、学习的要求以及要思考的问题，组织学生进行课前知识预习，合理安排课堂案例讲述以及讨论的时间及内容；书写教案，将课堂上案例讲述及学生讨论的情况及时反映在教案上并及时反馈意见。

2. 学生：课前要求熟悉相关理论知识及案例背景，并积极思考教师在"课堂派"或"雨课堂"上提出的问题，积极准备自己想要向教师或者其他同学提出的问题以及需要阐述的观点。

（六）课后要求

1. 课后布置相关作业，并了解学生对教学的反应，通过"课堂派"或"雨课堂"对学生作业进行检查及监督，并回答学生提出的问题。

2. 学生积极完成作业，并加强对教材、案例等知识的学习，通过自己的思考，查找资料，并形成论文。

四、理论链接和延伸阅读

（一）理论知识

金融衍生品。通常是指从原生资产（股票、利率、货币、商品）派生出来的金融工具，它是一种金融合约，主要包括远期合约、期货合约、掉期（互换）合约和期权合约，其价值取决于一种或多种基础资产或指数。

期货合约。是指由期货交易所统一制定的，规定在将来某一特定时间和地点交割一定数量和质量实物商品或金融商品的标准化合约。

多头。是指投资者对股市看好，预计股价将会上涨，于是趁低价时买进股票，待股票上涨至某一价位时再卖出，以获取差额收益。

空头。是指投资者和股票商认为现时股价虽然较高，但对股市前景看坏，预计股价将会下跌，于是把借来的股票及时卖出，待股价跌至某一价位时再买进，以获取差额收益。这种先卖出后买进，从中赚取差价的交易方式被称为空头。

开仓。又叫"建仓"，是指投资者新买入或新卖出一定数量的期货合约。交易者开仓之后可以选择两种方式了结期货合约：择机平仓或持有至最后交易日再进行实物交割。

持仓。是指投资者没有作交割月份和数量相等的逆向操作（卖出或买入），继续持有期货合约，则称之为"持仓"。一般交易者开仓之后手中就持有头寸，一直到卖出或者交割为止。

平仓。是指期货买卖的一方为对销以前买进或卖出的期货合约而进行的成交行为。买回已卖出的合约，或卖出已买入的合约。

移仓。是指以当前持仓合约的相同持仓方向和相同持仓量，将近月的合约向稍远的活跃的合约进行转移的过程。是把手中临近交割月的原有期货合约平仓，同时再买卖后面月份中最活跃的合约。

交割。是指期货合约到期时，交易双方通过该期货合约所载商品所有权的转移，了结到期未平仓合约的过程。包括实物交割和现金交割。

穿仓。是指客户账户上客户权益为负值的风险状况，即客户不仅将开仓前账户上的保证金全部亏掉，而且还倒欠期货公司的钱。

（二）延伸阅读

［1］樊逍．当前形势下创新金融管理与服务的对策［J］．中国商论，2020（15）：49—50.

［2］李艳．商业银行金融创新与风险管控之间的关系探究［J］．中国外资，2013

(07)：6.

[3] 刘硕．黑色系期货对宏观经济运行的反映[J]．中国证券期货，2019（02）：8—12．

[4] 夏林艳．我国商业银行个人理财业务风险防范研究[J]．河南财政税务高等专科学校学报，2019（06）：40—42．

[5] 张蓉．商业银行个人理财业务的操作风险防范问题研究——基于华夏银行"兑付门"事件的案例分析[D]．暨南大学，2015．

[6] 本案例涉及的相关法律法规见表4-2。

表4-2 本案例涉及相关法律法规

序号	文件名称	文号	发文单位	发文日期	地址链接
1	中华人民共和国证券法（2019修订）	主席令第37号	全国人民代表大会常务委员会	2019年12月28日	https：//neris.csrc.gov.cn/falvfagui/rdqsHeader/mainbody? navbarId=1&secFutrsLawId=0fc431a2a10b47909beef058f6ac3335
2	期货交易管理条例（2017）	国务院令第676号	国务院	2017年3月1日	https：//neris.csrc.gov.cn/falvfagui/rdqsHeader/mainbody? navbarId=1&secFutrsLawId=0e29d05331b845faa31a059557012520
3	中国金融期货交易所结算细则（2020修订）		中国金融期货交易所	2020年3月1日	https：//neris.csrc.gov.cn/falvfagui/rdqsHeader/mainbody? navbarId=1&secFutrsLawId=1f590e588f004623b275a8a4e4ca9b96
4	中华人民共和国银行业监督管理法	主席令第58号	全国人民代表大会常务委员会	2006年10月31日	https：//neris.csrc.gov.cn/falvfagui/rdqsHeader/mainbody? navbarId=1&secFutrsLawId=076eb95015204fad864df9a7f9cd43a8
5	中华人民共和国商业银行法	主席令第34号	全国人民代表大会常务委员会	2015年8月29日	https：//neris.csrc.gov.cn/falvfagui/rdqsHeader/mainbody? navbarId=1&secFutrsLawId=0f5a7d79be1246fbb298e0e407bdf171

参考文献

[1] 陈九霖．游戏与陷阱——疯狂的石油期货[J]．中国经济周刊，2020（08）：14—15．

[2] 邓雅蔓，周琦．追问中行"原油宝"事件——高风险产品为何变为常规理财？[J]．中国经济周刊，2020（08）：21—23．

[3] 林江，姜松，刘发跃．原油宝"倒贴"风波后，如何强化风险管控？[J]．财政监督，2020（11）：28—38．

[4] 王念涵. WTI05 合约及中行原油宝风险事件反思与启示[J]. 中国证券期货, 2020（04）：18—23.

[5] 闫建涛. WTI 原油价格走负背后的玄机[N]. 期货日报, 2020-04-23（3）.

第二节 疫情引发的新项目投资——比亚迪投资生产口罩

一、案例内容

（一）引言

2020 年年初爆发的新型冠状病毒肺炎疫情，让中国以及全世界意识到了公共卫生应急措施的重要性。在此次病毒爆发期间，口罩、消毒液等防护用品成为稀缺资源，各国纷纷利用各种措施筹集这些物资，甚至出现了市与市之间、国与国之间相互截留应急物资的情况。于是，在全世界需求急剧攀升的情况下，多家制造业企业开始宣布投资生产线生产口罩，比亚迪就是其中的一家。本节选择比亚迪作为研究对象，主要是基于其在口罩生产上能够迅速形成生产力，并在短时间内做成了全球最大的口罩加工厂，其在特殊时期的口罩项目投资具有一定的研究意义。

（二）比亚迪基本情况介绍

比亚迪股份有限公司，1995 年 2 月创立，总部位于深圳，现拥有广东、北京、陕西、上海、天津等九大生产基地，总面积将近 700 万平方米，并在美国、欧洲、日本、韩国、印度等国和中国香港、中国台湾地区设有分公司或办事处，在全球设立有 30 多个工业园，员工将近 24 万人。该公司旗下的比亚迪电子国际有限公司于 2007 年在香港独立上市。2008 年 9 月 27 日，股神巴菲特 2.3 亿元收购比亚迪 10% 股份，比亚迪成为巴菲特在中国投资的第一家上市公司。2011 年 6 月 30 日，比亚迪股份有限公司在深圳交易所上市发行，正式回归 A 股。历经 25 年的发展，公司已成为横跨汽车、轨道交通、新能源、电子四大产业的多元化集团，营业额和总市值均超过千亿元，是我国汽车自主品牌的龙头企业。2020 年 7 月，由《财富》评选的中国 500 强企业中，比亚迪股份有限公司排名第 80 位。

比亚迪的高速发展，得益于技术、市场以及生产流程等全方位的创新。其核心竞争力主要在于高度重视自主研发能力，拥有一个较成熟的研发团队。该研发团队汇集了 3000 多名优秀的工程师，分布在全球四个研发中心，使得该公司 60% 的生产设备都由自主研发完成。强大的研发能力促使比亚迪在电动汽车领域较快地掌握了核心技术，并在电池、电子部件和汽车制造等产业链中产生了很好的聚合效应，从而成为我国民族汽车工业的领头羊。

（三）案例经过

1. 事件起因

2020 年年初，新冠肺炎疫情肆虐全国，扰乱了人民的正常生活，为了防止疫情扩散，民众不得不居家抗疫，企业不得不停产停工。自疫情暴发之后，口罩成为疫情防控的"标配",是个人防护的"第一道防线"。但随着确诊人数的急剧攀升,原本没有充分储备的防护物资很快耗尽。奋战在前线的医护人员也不得不节约每一个口罩、每一件防护服、每一个护目镜,普通民众对防护用品的需求也急剧攀升。2020年2月初期,全国上下出现"一罩难求"的局面,各地的口罩被一抢而空。根据艾媒咨询①在2020年春节期间的一项人均口罩使用量调查显示:2020年1—2月,在接受调查的1624位人员中,84.2%的受访者存在15天内一个口罩使用多天的行为,其中36.1%的人使用数为5个以内,占据最多,只有8.4%的人使用数在20个以上。由此可见,口罩市场已经出现严重的供货不足情况(详见图4-3)。

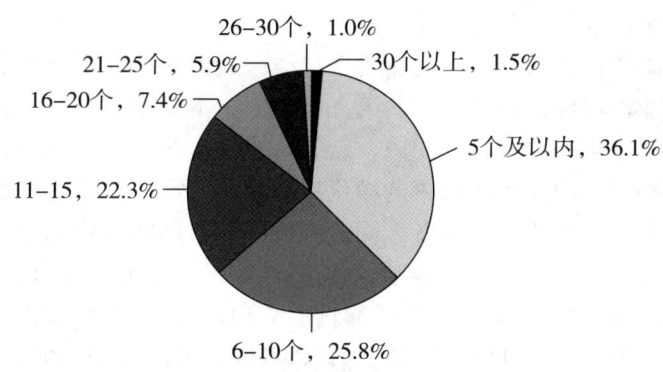

图4-3 2020年春节假期15天人均口罩使用情况

数据来源:艾媒咨询官网 https://www.iimedia.cn/.

2020年2月3日之后,春节假期结束,各地开始复工,民众开始恢复工作,对防护用品的需求更加强烈。依据工信部公布的数据,2020年之前,我国口罩总体产能为每天2000多万只,为全球产能最大;但复工之后,第二产业的就业人员加上医护工作人员以及交通运输工作人员,总计每天至少需要2.38亿只口罩,口罩的供需之间存在着巨大的缺口。为了尽快解决防护用品的供需矛盾,国家在大力推动和扶持医疗企业复工复产的同时,积极号召其他行业转产扩产,国家发改委副主任连维良在2月5日召开的国务院应对新型冠状病毒感染的肺炎疫情联防联控机制新闻发布会上也明确指出:政府会对疫情过后富余的口罩产量进行收储。于是,来自汽车、家电、化工、母婴、服装、纸品、酒业、手机等多个行业的3000多家企业开始增产口罩、防护服、消毒液、测温仪、医疗器械等业务。

2020年2月8日,比亚迪宣布通过自有资金2亿元投资设立全资子公司——东莞市搜于特医疗用品有限公司,生产销售医用口罩、防护服及原材料等。② 由此,比亚迪开始正式生产口罩。

---

① 艾媒咨询(iiMedia Research)是全球知名的新经济产业第三方数据挖掘和分析机构。
② 出自比亚迪官网,《2020-003:第五届董事会第十六次会议决议公告》及《2020-004:关于投资设立全资子公司的公告》。

2. 生产过程

医用口罩的生产是一个比较复杂的过程：第一步，需要聚丙烯这种原材料；第二步，由炼化公司将聚丙烯颗粒融化塑性为聚丙烯纤维；第三步，由石化公司将聚丙烯纤维熔喷成无纺布；第四步，由科技公司对无纺布进行经典吸附处理。原材料生产出来后还需要进行加工，在加工步骤需要一条包括口罩成型机、口罩压合机、口罩切边机、呼吸阀冲孔机、鼻梁条线贴合机、耳带点焊机、呼吸阀焊接机等一系列的机械设备在内的整条生产线的配合，而这一切均需要在无尘车间里面进行。由此可见，口罩虽小，但迅速在短时间内聚集起生产口罩的原材料以及生产流水线，还是需要产业链的配合。当时，全国上下刚刚开始恢复生产，有许多原材料以及零器件厂商都处于停工状态，在短时间内跨行生产口罩对比亚迪来讲是一个挑战。

首先，口罩、防护服等医疗防护用品属于二类医疗器械。要生产此类用品，必须要获得医疗器械生产企业许可证，而比亚迪的第九事业部，本身也具有医疗器械生产资格。于是，比亚迪决定在原来生产手机的车间内，组装口罩生产线生产口罩，并将手机组装生产车间进行净化等级提升，用作生产口罩的净化室。其次，需要口罩生产线。一条口罩生产线包括成型机、压合机、切边机等设备，而这些设备春节期间在市场上买不到，供应商也无法在短时间内完成交货。于是，比亚迪决定凭借其专业的研发能力，自己研发口罩机。比亚迪集结了新能源汽车、电池、电子以及轨道交通，12个事业部的一把手与研发、设计、加工等多个工作条线的3000多位工程师，以及春节期间留守深圳的一些员工，利用3天时间画出了400多张设备图纸，然后利用汽车生产车间的数控机床、模床、模具、夹具等产品在7天时间内完成了口罩机生产设备的研发制造，业界称其为"比亚迪神速"。因为在市面上，造一台口罩机，快则要15天，慢则要30天。第三，生产口罩需要聚丙烯这种原材料。汽车制造企业本身具有一定的优势，可以从生产汽车所需要的隔音棉上获取聚丙烯及聚酯纤维，因为隔音棉的主要材料就是聚丙烯及聚酯纤维材料，通过特殊的喷熔丝技术将聚丙烯纤维的直径控制在2mm，并且缠绕在直径为25mm的聚酯纤维上，这就解决了原材料的问题。

具备上述条件之后，比亚迪开始生产口罩。在位于深圳市宝安区的比亚迪龙湖工业园区的口罩生产车间内，100多位员工，每天两班倒，设备24小时昼夜不停地生产口罩。2月底，第一批500万口罩物资下线。此后，生产线以日产能500万只口罩和30万瓶消毒凝胶满负荷运转，到3月12日口罩日产量达到500万只，24日之后增至1000万只，4月下旬攀升至2000万只，稳居全球产能第一。于是，比亚迪又获得一个新的身份——全球最大口罩工厂（见图4-4）。

图 4-4 比亚迪口罩生产线

图片来源：比亚迪官网 https://www.bydauto.com.cn/.

二、案例分析

（一）强大的研发能力，是比亚迪转战口罩生产的保证

生产口罩需要强大的研发和生产体系。比亚迪从创办开始，就比较重视自主研发，公司每年都有大量的经费投入研发中心。强大的自主研发能力使得比亚迪在电子、电池、新能源汽车等方面拥有多项专利，这些专利技术，造就了比亚迪在汽车领域的核心技术，也加快了比亚迪的发展，从而使其成为我国第一大自主品牌的汽车制造厂商。而本次转战口罩生产，也是依靠专业的装备研发和制造团队在支撑。据比亚迪总裁办主任李巍介绍："一条口罩机的生产线，各种齿轮、链条、滚轴、滚轮大概需要 1300 个零部件，其中 90% 都是比亚迪的自制件。"① 由此可见，比亚迪投资口罩生产是有足够的能力的。

（二）口罩市场的强大需求，也是其投资口罩生产的主要动机

2020 年初新冠疫情的全球爆发，使得全球口罩市场供需严重不平衡，再加上国家发改委曾公开承诺政府会征收疫情过后过剩的口罩，因此，这就给口罩生产厂商带来了巨大的商机。正是看到了这个商机，促使全国 3000 多家企业转战口罩行业。而汽车制造行业跨界生产口罩，本身具有原材料、人员、技术储备、生产场地等方面的优势，因此，这类企业投资口罩生产的成本，相对于其他行业而言较低，而巨大的市场需求将会为其带来丰厚的利润。2020 年 3 月，美国加州政府宣布计划在 2 个月内向比亚迪采购 3 亿个 N95 口罩

---

① 引自比亚迪官网 www.bydauto.com.cn/.

(每个口罩采购价 3.3 美元），另再采购 1 亿个医用外科口罩（每个采购价为 0.55 美元），总采购金额超过 10 亿美元。2020 年 4 月 12 日，软银集团首席执行官孙正义也表示，将与比亚迪达成协议，由比亚迪从 5 月起每月向日本供应 1 亿个 N95 口罩和 2 亿个普通外科口罩。由此可见，口罩的生产也为比亚迪带来了丰厚的利润。

（三）汽车销售的下滑，使得比亚迪开始寻求新的利润增长点

尽管比亚迪是我国第一大汽车制造企业，但汽车行业竞争激烈，再加上电动车企特斯拉和动力电池企业宁德时代等竞争对手近几年的强烈攻势，比亚迪已失去全球电动汽车销量冠军的宝座。从表 4-3 可以看出，比亚迪近 3 年的主营业务收入、净利润虽然总量在上升，但环比是呈下降趋势，近 3 年的每股收益、权益净利率也是呈下降趋势。从表 4-4 可以看出，汽车及相关产品的收入，2019 年比 2018 年下降了 16.76%，占总营业收入的比重也在下降，进一步说明其汽车销售是呈下降趋势的，尤其是近两年。而 2020 年疫情的爆发，更将全球车市逼入前所未有的境地，各国销量一个比一个惨。4 月，美国新车销量下降 46.6%，澳大利亚下跌 48.5%，巴西缩水 76.0%，法国、西班牙、英国和意大利 4 月乘用车销量分别下滑 88.8%、96.5%、97.3% 和 97.6%。印度 4 月国内零售销量直接归零。中国车市先行一步经历至暗时刻，在 2 月销量大幅缩水八成之后，4 月开始逐月回暖。根据中国汽车工业协会的数据，2020 年上半年全国汽车产销量分别为 1011.2 万辆和 1025.7 万辆，同比分别下降 16.8% 和 16.9%。其中，新能源汽车产销分别完成 39.7 万辆和 39.3 万辆，同比分别下降 36.5% 和 37.4%。比亚迪 2020 年上半年汽车销售收入为 32,072,086,000 元，比上年同期下降 5.62%。因此，寻求新的利润增长点，来促进企业利润的增长，对比亚迪来讲迫在眉睫。

表 4-3　比亚迪近 3 年主要财务数据

年份	主营业务收入（元）	净利润（元）	每股收益（元/每股）	权益净利率（%）
2017 年	105,914,702,000	4,066,478,000	1.4	7.76
2018 年	130,054,707,000	2,780,194,000	0.93	4.96
2019 年	127,738,523,000	1,614,450,000	0.5	2.62

数据来源：比亚迪各年年报。

表 4-4　比亚迪近 3 年各类产品收入占比（单位：元）

产品	2019 年收入	占比	2018 年收入	占比	2017 年收入	占比
汽车及相关产品	63,265,701,000	49.53%	76,006,859,000	58.44%	56,624,341,000	53.46%
手机部件及组装	53,380,006,000	41.79%	42,229,944,000	32.67%	40,473,220,000	38.21%

数据来源：比亚迪各年年报。

车市不景气时，口罩成为比亚迪突围的新出口，尤其是在海外市场。虽然口罩远低于电动汽车的出口单价，但其量大而带来的利润不容小觑。比亚迪也在其 2020 年上半年年

报中披露:"凭借本集团汽车业务在海外市场的良好口碑、全球营销服务的能力及客户合作网络优势,口罩销售给集团收入带来正面贡献。"①

三、教学设计

(一)教学目的

通过对本案例的学习,要求学生了解项目投资的相关理论知识,并熟悉项目投资的收益以及成本的估算,了解企业在面临市场萎缩的情况下,如何去寻找新的利润增长点;在实践方面,要求学生了解比亚迪投资生产口罩的初衷以及事件的发展,并思考该项目投资的可行性;在思想政治层面要求学生对该事件进行思考和总结;在科研层面要求学生了解案例素材的收集、整理以及案例论文的写作方法。

(二)课程思政

1. 通过对本案例的学习,培养学生正确的人生观、价值观以及理财观。

2. 通过对本案例的学习,让学生意识到企业在特殊时期勇于承担社会责任,有利于企业树立良好的社会形象,并促进企业的发展。

3. 通过对本案例的深入学习,培养学生勇于承担社会责任的价值观。

(三)教学方法

1. 任务驱动式教学。在社会、企业的真实情景中,以明确的问题意识为任务驱动,让学生带着任务进行自主探索和互动协作学习,在完成既定任务的同时,提高分析和解决问题的能力。

2. 提前在"课堂派"上布置作业。要求学生先熟悉案例基本情况,熟悉项目投资的相关概念、项目投资可行性决策的方法以及口罩投资的相关成本及收益。

3. 在课堂上采用"翻转课堂"的形式。让学生组成小组进行讨论,并要求学生按照表4-5设计口罩项目的投资方案,预估项目的现金流量。要求如下:已知该生产线有1年的建设期,在建设期只有固定资产投资,建设期末需要投入流动资金,项目终结点收回垫支的流动资金,10年的生产经营期,折旧期与生产经营期一致,固定资产期末无残值,增值税税率为11%,所得税税率为25%,市场利率为10%。请查阅相关资料,填表4-5,并利用净现值法、获利指数法对该项目的可行性进行评价。

4. 方案讲述完后,由学生及老师进行评价。

表4-5 口罩投资现金流量表

项目建设期 (第t年)	建设期		经营期									
	0	1	2	3	4	5	6	7	8	9	10	11
现金流入												
销售收入												

① 注:出自比亚迪2020年半年报。

续　表

项目建设期 （第 t 年）	建设期		经营期									
	0	1	2	3	4	5	6	7	8	9	10	11
现金流出												
直接材料												
直接人工												
增值税												
税金及附加												
现金净流入												
所得税												
税后现金净流入												

（四）教学过程

1. 相关概念的复习。在讲述案例之前，首先让学生对项目投资的相关概念进行复习。

2. 引导性讲授。先由教师用 3—5 分钟的时间引述案例，介绍案例的过程、涉及的理论知识、相关的法律法规，并引导学生思考。

3. 案例讲述。由学生讲述案例，并针对自己小组完成的口罩投资方案进行阐述。

4. 讨论发言。由学生组成相互评分小组，对其他组的方案进行评价，并提出问题，回答问题。

5. 总结评论。由教师对案例讨论过程中涉及的知识、问题，以及讨论过程中的创新点进行归纳总结，并回答学生提出的问题。

（五）课前准备

1. 教师：熟悉理论知识及教学大纲，通过"雨课堂"及"课堂派"的形式，向学生发放案例资料、学习的要求以及要思考的问题，组织学生进行课前知识预习，合理安排课堂案例讲述以及讨论的时间及内容；书写教案，将课堂上案例讲述及学生讨论的情况及时反映在教案上，及时反馈意见。

2. 学生：课前要求熟悉相关理论知识及案例背景，并积极思考教师在"课堂派"或"雨课堂"上提出的问题。特别是，该案例需要学生事前查找口罩生产线投资的成本及收益，需要一定的准备时间，然后以小组为单位完成投资方案。

（六）课后要求

1. 课后布置相关作业，并了解学生对教学的反应，通过"课堂派"或"雨课堂"对学生作业进行检查及监督，并回答学生提出的问题。

2. 学生积极完成作业，并加强对教材、案例等知识的学习，通过自己的思考，查找资料，并形成论文。

四、理论链接和延伸阅读

（一）理论知识

1. 项目投资的含义及分类

项目投资是一种以特定项目为对象，直接与新建项目或更新改造项目有关的长期投资行为。项目投资按其涉及内容还可进一步细分为单纯固定资产投资和完整工业投资项目。单纯固定资产投资项目特点在于：在投资中只包括为取得固定资产而发生的垫支资本投入，而不涉及周转资本的投入；完整工业投资项目则不仅包括固定资产投资，而且还涉及流动资金投资，甚至包括其他长期资产项目（如无形资产、长期待摊费用等）的投资。本案例中，比亚迪跨行生产口罩就属于完整的工业投资项目。

2. 项目投资的可行性分析

项目可行性分析是指通过对项目的主要内容和配套条件，如市场需求、资源供应、建设规模、工艺路线、设备选型、环境影响、资金筹措、盈利能力等，从技术、经济、工程等方面进行调查研究和分析比较，并对项目建成以后可能取得的财务、经济效益及社会环境影响进行预测，从而提出该项目是否值得投资和如何进行建设的咨询意见，为项目决策提供依据的一种综合性的系统分析方法。我们主要通过先对项目计算期的现金流量进行估算，然后再运用财务评价指标进行计算的方式对项目的可行性做出评价。

（二）延伸阅读

[1] 白雪. 企业投资项目决策分析与过程管理探究[J]. 当代会计, 2018 (06): 22—24.

[2] 胡彬彬. 关于企业项目投资的决策分析[J]. 中国商贸, 2015 (03): 176—178.

[3] 国家发展改革委, 建设部. 建设项目经济评价方法与参数 [M]. 北京: 中国计划出版社, 2006.

[4] 刘畅, 张婷婷, 李冬鬼. 建设项目经济评价问题探讨[J]. 煤炭工程, 2020 (04): 177—180.

[5] 刘咏. 建设项目经济评价参数趋势研究[J]. 中国工程咨询, 2015 (07): 13—15.

[6] 杨刚. 基于现金流折现方法的环保行业PPP项目投资决策分析[J]. 中国市场, 2017 (35): 83—84.

[7] 赵鹏, 张玲. 项目投资决策: 分析流程及案例[J]. 商业会计, 2016 (19): 66—67.

参考文献

[1] 陈婉. 企业不平凡的"跨界"力破"一罩难求"[J]. 产业观察, 2020 (03): 30—33.

[2] 李溯婉. 口罩比卖车更吸睛, 比亚迪制造天平哪边偏？[N]. 第一财经日报, 2020-05-12 (A09).

[3] 梁艳. 疫情之下的跨界百态[J]. 产业趋势, 2020 (04): 52—56.

[4] 王雷生, 高欢欢. 口罩总动员[J]. 商业故事-制造业, 2020 (03): 100—105.

[5] 比亚迪官网：https://www.bydauto.com.cn/.

[6] 艾媒咨询官网：https://www.iimedia.cn/.

第五章 营运资金管理案例

第一节 美的集团存货管理——基于供应链的角度

一、案例内容

（一）引　言

存货是公司一项占比很大的流动资产，其周转速度关系到企业的资金占用水平以及资产运作效率。一定数量的存货有利于保障企业生产经营的顺利进行，但过多的存货不仅占用资金，还会增加与存货有关的各项开支，如采购成本、仓储成本、管理成本等。因此，对存货的管理要求一是保证供应，二是降低成本。近年来，越来越多的企业通过建立一种新型的供应链管理模式——供应商管理库存（VMI）来整合供应链资源，降低存货成本。美的集团从21世纪初就开始探寻这种新型的存货管理模式。针对其供应链的库存问题，美的利用信息化技术手段，一方面从原材料的库存管理做起，追求零库存标准，另一方面针对销售商，以建立合理库存为目标，从供应链的两端实施挤压，加速了资金、物资的周转，实现了供应链的整合成本优势。通过对美的集团存货管理模式以及美的对供应链系统不断改造的描述，我们可以了解包括库存、物流在内的供应链系统对现代制造业企业的重要性。

（二）公司基本情况

美的集团前身为美的电器，创立于1968年，1980年正式进入家电领域，1981年注册"美的"商标，美的品牌由此诞生。1993年11月12日美的电器在深圳证券交易所上市，代码000527。2013年9月，美的电器被其控股股东美的集团吸收合并，美的电器公司股票被注销，新存续公司为美的集团，代码为000333。近年来，通过一系列海内外的兼并收购，美的已成为一家集消费电器、暖通空调、机器人及自动化系统、数字化业务四大板块为一体的全球化科技集团，提供多元化的产品种类与服务。截至2019年年底，美的在全球拥有约200家子公司、28个研发中心和34个主要生产基地，员工约15万人，业务覆盖200多个国家和地区。其中，在海外设有18个研发中心和17个生产基地，遍布10多个国家，海外员工超过3万人，结算货币达22种，同时是全球领先机器人智能自动化公司德国库卡集团最主要的股东（占股95%）①。2019年《财富》世界500强榜单中，美的集团排名第312位；《财富》中国500强榜单，美的集团排名第36位，连续5年蝉联同行业第一。

（三）美的存货管理模式

美的集团从2002年开始就不断寻求存货管理的创新，尝试建立VMI，经过几年的发展，其存货周转速度不断提高。尤其是自2008年以后，存货管理效果显著。2015年开始，美的对其供应链系统进行了进一步的改造，开始尝试"共享库存"，利用旗下的安得供应链对存货进行集中调配，进一步加快了存货周转。

1. VMI（供应商管理库存）模式

美的集团一直奉行"总成本领先"的核心战略。对美的而言，家电行业竞争白热化促使其不断降低成本，从采购、生产、信息管理、渠道优化以及服务效率上进行成本优化，形成企业的竞争优势。早在2000年美的就将ERP系统及渠道存货的监控引入管理系统，将中央服务响应系统及六西格玛服务系统引入售后服务体系，通过集团采购模式降低生产成本，将"总成本"概念不断延伸至行业整合的各个环节，从而形成以产能和效率为基础的总成本优势。

自2002年来，美的围绕着成本与效率，在降低市场费用、裁员、压低采购价格等方面不断变招，引入"用信息替代库存"的经营思想，为广东地区的终端经销商安装进销存软件，实现"供应商管理库存"（即VMI模式）。在MRP基础上与供应商建立直接交货平台，降低供应商的交易成本。供应商在自己的办公地点能看到美的的订单内容，包括品种型号数量和交货时间。美的利用规模效益，向大部分供应商压低原材料单价，降低材料成本。美的在年初确定供货商时签订一揽子总的协议。价格定下来后，美的在网上发布采购信息，然后由供应商确认信息，从而形成了合法化的订单。

对美的而言，其较为稳定的供应商共有300多家，其零配件加起来一共有3万多种，60%的供应商是在广东顺德周围，还有部分供应商位于车程三天以内的地方。因此，只要15%的供应商在美的周围租赁仓库就可以。2002年11月1日，美的企业集团旗下的安得物流公司在广州正式成立"安得供应链技术有限公司"。自此，美的通过自己的物流公司将物流成本和仓储成本都下降了10%左右。安得物流公司利用自主开发的信息系统，使美的集团在全国范围内实现了产销信息的共享。有了信息平台的保障，美的原有的100多个仓库精简为8个区域仓，在8小时内可以运到指定的地方，全靠配送。这样一来，美的集团流通环节的成本降低了15%—20%。而运输距离长（运货时间3—5天的）的外地供应商，一般都会在美的的仓库租赁一个片区（仓库所有权归美的），并把其零配件放到片区里面储备。在美的需要用到这些零配件的时候，它会通知供应商，然后再进行资金划拨、取货等工作。这时，零配件的产权，由供应商转移到美的手上。而在此之前，所有的库存成本都由供应商承担。

在对业务链后端的供应体系进行优化的同时，美的也在加紧对前端销售体系的管理进行渗透。在经销商管理环节上，美的利用销售管理系统可以统计到经销商的销售信息（包

---

① 注：引自美的2019年财务年报

括分公司、代理商、型号、数量、日期等），并实现了与经销商的电子化往来，将以前半年一次的手工对账改成了业务往来的实时对账和审核。美的作为经销商的供应商，为经销商管理库存。经销商缺货时，美的立即就会自动送过去，而不需经销商提醒，经销商的库存实际上是美的的库存。这种存货管理上的前移，使得美的可以有效地消减销售渠道上昂贵的存货。

2002年美的对供应链布局进行了结构性调整，供应链布局得到了优化。通过厂商的共同努力，整体供应链在"成本""品质""响应期"等方面的专业能力得到了不同程度的发展，供应链能力得到提升。美的集团库存商品占存货比超过70%，从2002年到2004年，存货周转率增加2.77次。库存成本上的领先优势，为美的维持了相当的利润。

实施VMI为美的带来的最大好处就是降低了库存成本，将原来平均5—7天的存货水平，大幅降低为3天左右，而且这3天的库存也是由供应商管理并承担相应成本，因此使得美的在存货上的资金占用率降低，资金利用率得到了提高，库存成本直线下降。此外，良好的存货管理也使得美的的存货周转率不断下降，从表5-1可以看出，2007年到2009年的3年期间，美的存货周转率一直稳步上升，存货周转天数不断下降。

表5-1 美的集团2007年—2009年存货周转情况金额（单位：千元）

项目	2007年	2008年	2009年
营业收入	33,296,553	45,313,462	47,278,248
存货	6,810,143	5,137,536	5,827,508
存货周转率	4.86	6.13	6.74
存货周转天数	75.1	59.54	54.15

数据来源：美的各年财务报告。

从表5-2可以看出，美的与同行业相比，2014年到2016年存货周转的效率一直在提升。存货周转率由2014年的6.99上升到2016年8.87，存货周转天数也由51.47天缩短为41.15天，均高于格力电器。可见，美的的存货管理模式效果显著。

表5-2 美的集团2014—2015年存货周转与同行业比较

项目	2014年	2015年	2016年
美的集团存货周转率（次）	6.99	8.06	8.87
美的集团存货周转天数（天）	51.47	44.66	41.15
格力电器存货周转率（次）	8.10	7.31	7.88
格力电器存货周转天数（天）	44.42	49.28	46.32

数据来源：美的、格力各年财务报告。

2. 供应链模式的变革

虽然，美的在实行 VMI 之后，物流库存效率都有很大的提升，但还是存在着不少问题。比如：经销商层级多，打款压货的经营逻辑导致库存周转效率低，物流成本高；仓库之间信息不透明，重复度高，价值链成本高，效率低等。这些痛点及需求变动所带来的模式变革压力将层层传导到制造业供应链，倒逼美的转型，通过提高效率及网络能力来应对新挑战。因此，在以用户为中心建立科技驱动的全球化企业的转型目标下，美的开始推动"T+3"实践为核心的业务模式变革。"T+3"模式是指，由"客户下单""物料准备""工厂生产""物流发运"这四个周期组成，每个"T"对应的交付流程和交付周期都是3天。通过对 T+3 流程的规定，美的旨在降低库存，更快地满足终端消费者的需求，倒逼企业进行柔性化生产，提高整个运作效率。

从 2015 年开始，美的旗下的安得智联作为集团的物流板块，配合集团实施了一系列的物流与供应链变革。首先是角色转变，安得从原物流总包方转型为集团价值链的重要组成部分，打通端到端流程，并向计划前端及渠道后端双向延伸。其次是通过优化传统渠道层级和全面推行"直供模式"，缩减渠道层级，优化渠道链条，提升市场响应能力。再次是采用统仓统配模式，整合代理商仓库，实现工厂到渠道网点、用户的直配，促进渠道成本的大幅降低。最后是推行线上线下"一盘货"，共享不同渠道的库存，在有效降低库存的同时，提升渠道交付效率（图 5-1）。

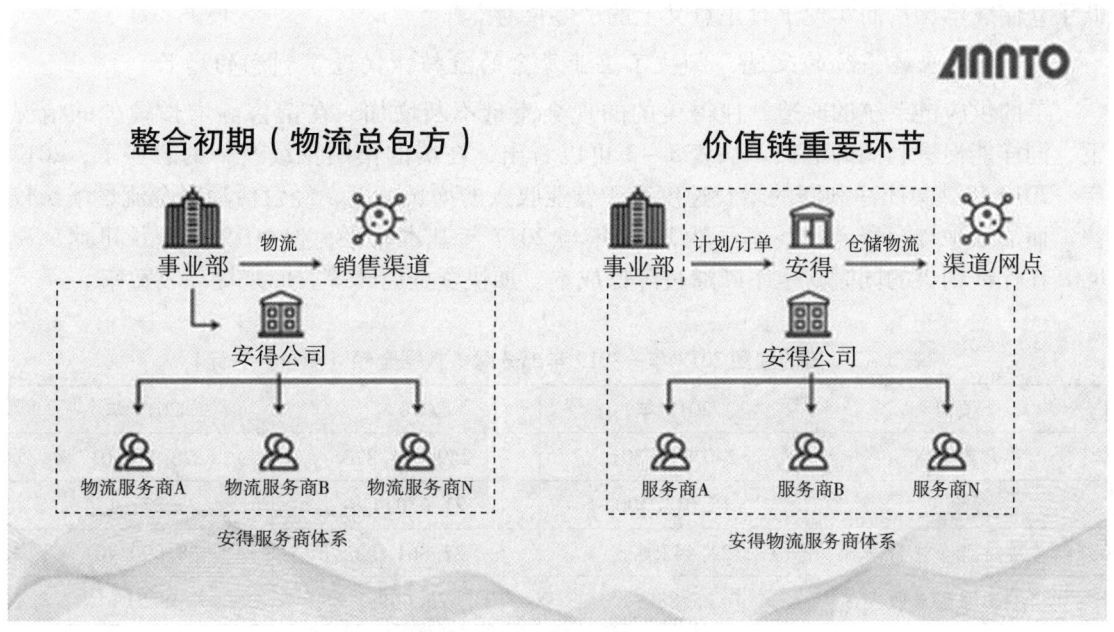

图 5-1 安得物流服务体系

图片来源：美的安得官网 https://www.annto.com/.

该战略实施以后，美的多个环节的效率得到了提升。第一是安得将美的原有中心及代理商的两级仓库进行了整合，通过对仓库进行重新选址，将仓库数量降幅95%，仓库面积降幅70%，仅用117个仓库便满足了原有2244个仓库所需的库存及需求，仓库整体面积也由2016年的552万平下降到166万平。第二是改变渠道物流的交付模式，将过去货物经销售公司运输给经销商，变为从大仓直接运输至商超或消费者所在地，从而降低了经销商的资金占用，节约了中心发代理的支线配送及装卸费用，缩短了基地到货时效。第三是实现库存共享后，客户订单交付周期从45天缩短到20天，效率提升了56%；美的存货周转天数也从51天缩短到35天，效率提升了31%；零散订单（非整车发运订单）平均体积也从35方下降至17.9方。

二、案例分析

美的从最初的VMI系统到"共享库存"，其实质都是在打造企业整体的供应链系统，不断提高企业整体效率。由此可见，包括库存、物流在内的企业供应链系统对现代制造业企业的发展至关重要。现代企业之间的竞争本质上已经成为企业供应链之间的竞争，而要打造高效供应链，提高供应链的竞争力，不仅需要借助创新技术，还需要搭建起一个全生态、全链协同的平台。

（一）高效的供应链系统，可以降低企业成本

从上述描述可以看出，美的正是凭借着高效的供应链系统的改造，才打通了企业从采购、生产、销售到最后供货的流程，使得企业整体成本下降。而美的又通过建立物流公司，改造物流系统，从而将物流环节的成本也降至历史最低，在保证快速供货的同时，降低了仓储成本，从而实现了真正意义上的"零库存"。

（二）供应链系统的改造，加快了企业资金的流转，促进了利润的增长

美的供应链系统的改造，使得美的的现金流量不断增加，在销售额增长较少的情况下，同样能促进利润的增长。从表5-3可以看出，在美的集团持续改革的态势下，2017年—2019年该集团净利润的增长速度高于营业收入的增长速度，经营活动现金流量增长较快，而加权平均净资产收益率虽然2018年与2017年基本持平，但2019年增长迅速，说明其在保证销售的同时，也不断通过降低成本、加快资金周转等方面来提高收益率。

表5-3 美的集团2017年—2019年部分财务数据金额（单位：千元）

项目	2017年	2018年	2019年
营业收入	240,712,301	259,664,820	278,216,017
净利润	18,611,190	21,650,419	25,277,144
经营活动现金流量净额	24,442,623	27,861,080	38,590,404
加权平均净资产收益率	25.88%	25.66%	38.51%

数据来源：美的集团各年年报。

三、教学设计

（一）教学目的

通过对本案例的学习，可加强学生对存货管理相关知识的理解，使学生了解企业相关的存货管理模式及各自的优缺点。理论层面，要求学生掌握存货管理的相关含义、包含的内容、存货管理的模式；实践层面，要求学生通过对美的集团存货管理模式的了解，理解存货管理对企业资金周转的重要性，并理解VMI模式的运用；思政层面，要求学生对美的存货管理模式进行总结；教学层面，让学生了解财务案例的讲授方法以及注意事项；科研层面，让学生了解财务案例的收集、整理，以及案例论文的编写方法。

（二）课程思政

1. 通过对本案例的学习，培养学生正确的人生观、价值观以及理财观。

2. 通过对本案例的学习，让学生思考现代存货管理模式有哪些，思考供应链系统对于企业的重要性以及该如何构建先进的供应链系统。

3. 通过对本案例的深入学习，要求学生思考供应链的变革对现代企业财务管理的影响。

（三）教学方法

1. 任务驱动式教学。在社会、企业的真实情景中，以明确的问题动机为任务驱动，让学生带着任务进行自主探索和互动协作学习，在完成既定任务的同时，提高分析和解决问题的能力。

2. 课前在"课堂派"上布置作业。要求学生先熟悉案例的基本情况，熟悉存货管理的相关概念及现有的存货管理模式。

3. 在课堂上采用"情景式"教学方法。让学生通过提前阅读、熟悉资料以及相关资料，进入实际情景和设定情景，围绕教师提出的问题，积极思考，充分、自由地发表意见；同时，教师给予积极的引导、正确的提示。

（四）教学过程

1. 相关概念的复习。在讲述案例之前，首先对学生预习的存货管理相关概念及模式进行抽查。

2. 引导性讲授。先由教师用10—15分钟的时间讲述案例，介绍案例的过程、涉及的理论知识，并引导学生思考。

3. 讨论发言。设计场景，并以问题为导向，引发学生进行充分的讨论，并鼓励学生向老师和其他同学提问。

4. 总结评论。由教师对案例讨论过程中涉及的知识、问题，以及讨论过程中的创新点进行归纳总结，并回答学生提出的问题。

（五）课前准备

1. 教师：熟悉理论知识及教学大纲，通过"雨课堂"及"课堂派"的形式，向学生发放案例资料、学习的要求以及要思考的问题，组织学生进行课前知识预习，合理安排课堂案例讲述以及讨论的时间及内容；书写教案，将课堂上案例讲述及学生讨论的情况及时反映在教案上，及时反馈意见。

2. 学生：课前要求熟悉相关理论知识及案例背景，并积极思考教师在"课堂派"或"雨课堂"上提出的问题，积极准备自己想要向教师或者其他同学提出的问题以及需要阐述的观点。

（六）课后要求

1. 课后布置相关作业，并了解学生对教学的反应，通过"课堂派"或"雨课堂"对学生作业进行检查及监督，并回答学生提出的问题。

2. 学生积极完成作业，并加强对教材、案例等知识的学习，通过自己的思考，查找资料，并形成论文。

四、理论链接和延伸阅读

（一）理论知识

存货是指企业在日常活动中持有以备出售的产成品或商品、处在生产过程中的在产品、在生产过程或提供劳务过程中耗用的材料或物料等，包括各类材料、在产品、半成品、产成品或库存商品以及包装物、低值易耗品、委托加工物资等。

存货管理就是对企业的存货进行管理，主要包括存货的信息管理和在此基础上的决策分析，最后进行有效的控制，达到存货管理的最终目的，提高经济效益。常见的存货管理模式有存货经济批量模型、ABC 管理法、精益生产（JIT）等

供应链是指围绕核心企业，从配套零件开始，制成中间产品以及最终产品，最后由销售网络把产品送到消费者手中的，将供应商、制造商、分销商直到最终用户连成一个整体的功能网链结构。

VMI（供应商管理库存）是指一种以用户和供应商双方都获得最低成本为目的，在一个共同的协议下由供应商管理库存，并不断监督协议执行情况和修正协议内容，使库存管理得到持续改进的合作性策略。同传统的库存控制相比，VMI 模式主要有以下几个特点：

1. 合作性。VMI 模式的成功实施，客观上需要供应链上各企业在相互信任的基础上密切合作。其中，信任是基础，合作是保证。

2. 互利性。VMI 模式主要考虑的是如何通过合作降低双方的库存成本，而不是考虑如何就双方的成本负担进行分配的问题。

3. 互动性。VMI 模式要求各节点企业在合作时采取积极响应的态度，以快速的反应努力降低因信息不通畅引起库存费用过高的问题。

4. 协议性。VMI 模式的实施，要求企业在观念上达到目标一致，并明确各自的责任和义务。具体的合作事项都通过框架协议明确规定，以提高操作的可行性。

（二）延伸阅读

[1] 沈艳丽. 浅谈企业存货管理 [J]. 现代商业，2014（29）：214—215.

[2] 王福英，叶翊桐. 对企业存货管理问题的探析——以美特斯邦威为例 [J]. 经营与管理，2020（09）：77—80.

[3] 张婉. 试论现代企业在 ERP 环境下的存货管理优化 [J]. 现代商业，2020（24）：

145—146.

[4] 赵文博．浅谈数字经济时代下的企业存货管理［J］．农村经济与科技，2020（13）：172—173.

[5] 郑长雪．基于供应链管理的存货管理文献综述［J］．商业会计，2014（14）：35—36.

参考文献

[1] 郭远琦．基于价值链的美的集团成本控制研究［D］．江西师范大学，2020.

[2] 胡毅．企业存货管理现状与对策研究——以广州美的公司为例［J］．财经界，2016（04）：170—171.

[3] 裘益政，竺素娥．财务管理案例（第二版）［M］．大连：东北财经大学出版社，2014.

[4] 徐鹤鸣．采购渠道营运资金管理绩效比较分析——以格力电器、青岛海尔与美的集团为例［J］．财会研究，2019（05）：56—58.

[5] 张楠．美的集团存货管理研究［D］．河南大学，2017.

[6] 美的安得官网：https://www.annto.com/.

[7] 美的官网：https://www.midea.com/cn/.

第二节 "海天味业"的 OPM 战略

一、案例内容

（一）引　言

营运资金管理是企业财务管理的一项重要内容，它能够为企业输送日常运营的资金，保证企业现金流的充裕。OPM 战略作为一种创新型的营运资本管理战略，在完全竞争市场上，越来越受到众多企业的青睐。该战略由厦门国家会计学院院长黄世忠教授于 2006 年提出，国美、苏宁电器、格力电器等知名企业通过实践也验证 OPM 战略能够显著提高公司的财务弹性，提高企业的盈利能力，为股东创造价值。但随着时间的推移，该战略表现出一定的弊端，也会为企业带来一定的经营风险和财务风险。本节选取海天味业 OPM 战略的实施作为研究对象，主要基于其作为调味品的龙头企业，具有实施该战略的市场条件，并且该战略的实施，也为海天味业带来了充裕的现金流，实现了资金的内循环。

（二）企业基本情况

海天味业是一家专业生产和销售调味品的老牌企业，该企业历史悠久，是中华人民共和国商务部公布的首批"中华老字号"企业之一，生产的产品涵盖酱油、蚝油、酱、醋、料酒、调味汁、鸡精、鸡粉、腐乳、火锅底料等几大系列，含百余类 300 多种规格的产品，年产值过两百亿元。

自清代末期，广东佛山的酱园生产的酱品就享誉国内外。1955 年，广东佛山 25 家实力卓著、美味悠远、享誉港澳的古酱园通过合并重组，组建了"海天酱油厂"，即为海天味业的前身。通过39年的发展，1994年海天由单一的国有经济重组为职工个人出资和国家出资的股份制有限责任公司。而后一步一步，由小到大，由分散到集中，由区域到全国，由传统的家庭手工作坊向现代生产智造企业过渡。2001年海天销售收入突破10亿元，2009年海天销售收入突破50亿元，2013年海天销售收入突破100亿元。2014年2月11日，海天味业在上海证券交易所挂牌交易，股票代码603288。上市后，海天借助资本市场的力量，扩大经济规模和产能，不断做大做强，2017年海天销售收入突破160亿元，2018年营收突破170亿元。2020年，海天再次刷新成绩单，上半年营收115.95亿元，同比增长14.12%。同年，中国品牌力指数2020C–BPI榜单发布，海天在调味品行业领域勇夺"四冠"[①]，成为调味品行业实至名归的龙头企业。

二、案例分析

（一）海天味业实施OPM战略的前提

OPM（Other People's Money），是指企业充分利用做大规模的优势，增强与供应商的讨价还价能力，将占用在存货和应收账款上的资金及其资金成本转嫁给供应商的运营资本管理战略。能够实施OPM战略的企业通常是供应链中的核心企业，要求企业和供应商之间的协作达到一定程度，对上游的供应商和下游的经销商具有很强大的话语权，可以有计划大量占用上下游客户的大量资金。

海天味业作为调味品行业的龙头企业，在经营模式上一直采取经销商为主的销售模式，采用"先款后货"的结算方式，占用上下游客户越来越多的资金，避免自身的资金被经销商占用，为企业保障了充足的现金流并获取了更多的盈利空间。

从表5-4可以看出，在购货付款方面，海天味业从2015年到2019年的5年期间年末存货总量均在1000百万元左右，且逐年递增，到2019年达到了1803百万元；而应付账款和应付票据之和在5年期间也在逐年递增，并且均占到当年存货总量的51%—62%，2019年应付款项之和占存货总量达到72%。在销售回款方面，海天味业从2015年到2019年间除2016年销售收入比2015年销售收入增长10%以外，后续4年间增长幅度均在16%以上，总量在2019年达到19,797百万元之多；但应收账款项目总量却非常少，2015年和2016两年间应收项目为0，从2017年开始才有少许应收款项，也只占到当年营业收入的0.01%，此后均维持在该占比左右；预收账款总量也呈逐年递增状态，其占营业收入的比重由2015年的10%逐年上升到2019年的20%。通过以上分析，我们发现，海天味业对经销商和供应商具有很强的竞争优势，在产业链中处于核心地位，账上有大量的应付和预收款项，且销售回款能力强，几乎没有坏账。这体现了公司强大的综合实力，也成为该公司实施OPM战略的前提。

---

① 资料来源：海天味业官网：http://www.haitian-food.com.

表5-4 海天味业付款收款情况表（单位：百万元）

项目	2015	2016	2017	2018	2019
营业收入	11294	12459	14584	17034	19797
应收项目	0	0	2.467	2.444	2.463
预收账款	1119	1809	2679	3237	4098
存货	1000	940	1041	1203	1803
预付账款	7.28	17	18.37	17.2	18.58
应付票据及应付账款总额	584.83	575.20	556.05	744.84	1298.47

数据来源：根据海天味业各年财务报告数据整理得来。

（二）海天味业运用OPM战略的现状

对于海天味业实施OPM战略的情况，主要从营运资本结构、财务弹性以及现金周转期来进行分析。

1. 营运资本结构分析

从表5-5可以看出，海天味业的流动比率从2015年到2019年都是在2.5以上，说明其流动性很强，短期偿债能力很好。在流动资产中货币资金占比最高，除2017年以外，均在58%以上，2019年高达66.38%；其次为存货占比，2015年最高，为13.94%，此后逐年下降，2018年最低，2019年比2018年有所上升。应收款项的占比微乎其微，2015及2016年占比均为0，其后3年基本都保持在0.02%左右。流动负债占比中最高的为预收账款，基本都保持在41%—59%之间；其次为应付款项，2015—2018年期间呈下降趋势，2019年占比有所上升；短期借款前3年没有，2018年和2019年占比也仅为0.32%和0.25%。从以上数据可以看出，海天味业营运资金中，现金流充足，"先款后货"的结算方式为海天味业预留了大量的现金，并且几乎没有应收账款；经销商为主的销售模式也使得海天味业的存货量较少，避免了资金的占用。

表5-5 海天味业2015—2019年营运资金情况（单位：%）

项目	2015	2016	2017	2018	2019
流动资产结构					
货币资金占比	62.99	58.86	47.59	59.83	66.38
预付账款占比	0.1	0.19	0.16	0.11	0.09
应收款项占比	—	—	0.02	0.02	0.01
存货占比	13.94	10.65	8.83	7.61	8.89
流动负债结构					
短期借款占比	—	—	—	0.32	0.25
预收账款占比	41.38	53.16	59.34	52.65	51.36

续表

项目	2015	2016	2017	2018	2019
应付账款及应付票据占比	21.63	16.9	13.32	12.11	16.27
流动比率	2.65	2.59	2.61	2.57	2.54

数据来源：根据海天味业各年财务报告整理得来。

2. 财务弹性分析

财务弹性是指企业对市场机遇和市场逆境的应变能力。衡量企业财务弹性的指标主要有现金流量充裕率、经营性现金流量对流动负债的比率、经营性现金流量对资本性支出的比率、经营性现金利息保障倍数。对于拥有充裕经营性现金流量和现金储备的企业而言，一旦有市场机会的出现，就可以迅速加以利用，而一旦出现市场逆境也能够游刃有余。现金流量充裕率＝经营活动产生的现金流量/（购建固定资产的现金流出＋偿还银行借款的现金流出＋支付股利的现金流出）。该比率能够说明企业经营获取的现金流量用于投资及筹资支出的情况。从表5－6可以看出，海天味业的现金流量充裕率除2015年为4.13以外，后4年基本都保持2左右。而经营性现金流对资本支出的比率在2015高达1191，2016年也达到492。主要原因是这两年资本支出过少，其后3年海天味业对固定资产的支出大幅度增加，因此导致该比率下降幅度较大。由于海天味业2015—2017年间没有任何短期借款及长期借款，因此现金流量利息保障倍数不存在。从2018年起该企业有少许的短期借款，但经营性现金流量足以偿还银行利息。从经营性现金流量对流动负债的比率来看，海天味业的流动负债较高，因此导致该比率近5年基本都在1左右，甚至在2015和2019年仅为0.81。从以上数据均能得出，海天味业经营性现金流量充足，足以偿还借款及用于投资、筹资方面的支出，能够根据市场变化，及时做出相应的对策。

表5－6　海天味业财务弹性指标

项目	2015	2016	2017	2018	2019
现金流量充裕率	4.13	2.12	2.23	2.38	2.02
经营性现金流对资本支出的比率	1191	492	18.02	26.78	11.27
现金流量利息保障倍数	—	—	—	10076	6037
经营性现金流量对流动负债的比率	0.81	1.2	1.05	0.98	0.82

数据来源：根据海天味业各年财务报告整理得来。

3. 现金周转期分析

衡量OPM战略是否卓有成效的关键指标是现金周转期。该指标在一定程度上可以反映企业财务的流动性，其计算公式为：现金周转期＝（应收账款周转天数＋存货周转天数）－应付账款周转天数。现金周转期越短，表明企业在经营中采用的OPM战略越有成效，越成功。从表5－7可以看出，海天味业的现金周期虽然不为负数，但逐年呈下降趋势，除2019年略有上升以外，其中应收账款周转天数几乎为零；存货周转天数较长，但也在2017年大幅度降低；应付账款周转天数也呈现下降天数，说明海天味业没有无限期占用供应商的资金。但从表5-8净现金需求的数据来看，海天味业大量占用了经销商的资金。净现金需求的计算公式为：

净现金需求=存货+预付账款+应收账款-预收账款-应付账款-应付票据

海天味业的现金周期为正，但加入预收账款的净现金需求为负，说明其在OPM战略上，运用经销商的资金较多，运用供应商的资金相对于其他企业而言较少。"净现金需求"和"现金周期"均为负的企业具备集"高收益与高风险"为一体的资金策略，但海天味业仅有净现金需求为负，说明其在经营中既考虑了收益，又降低了风险，具备比较稳健的资金策略。

表5-7 海天味业2015—2019年间现金周转期

项目名称	2015	2016	2017	2018	2019
营业收入（百万元）	11,294	12,459	14,584	17,034	19,797
营业成本（百万元）	6557	6983	10,561	12,131	13,751.5
平均存货（百万元）	1077.07	970	990.5	1122	1503
平均应收账款（百万元）	-	-	2.467	2.4555	2.4535
平均应付项目（百万元）	592.04	580.02	656.625	650.445	1021.66
应收账款周转天数（天）	0	0	0.06	0.05	0.05
存货周转天数（天）	59.96	50.7	34.23	33.76	39.89
减：应付账款周转天数（天）	19.13	16.99	14.16	13.94	18.84
现金周转期（天）	40.83	33.71	20.13	19.87	21.1

数据来源：根据海天味业各年财务报告整理得来。

注：平均应收账款=（应收账款年初数+应收账款年末数）/2
平均存货=（存货年初数+存货年末数）/2
平均应付项目=（应付账款年初数+应付票据年初数+应付账款年末数+应付票据年末数）/2
存货周转天数及应收账款周转天数在计算时均用365天。

表5-8 海天味业2015—2019年净现金需求数（单位：百万元）

项目名称	2015	2016	2017	2018	2019
净现金需求	-696.55	-1427.2	-2173.213	-2759.196	-3572.427

数据来源：根据海天味业各年财务报告整理得来。

(三) 海天味业实施OPM的经济后果

1. OPM战略的实施能够为海天味业带来充足的现金流。

通过上述对海天味业近5年的财务数据的分析，我们不难看出OPM战略为海天味业避免了大量的应收账款及坏账，"先款后货"的经营模式为海天味业带来了充足的现金流，保证了产品的生产以及客户的稳定,也增加了企业的利润,增强了企业的财务弹性,推动了企业的扩张和发展,稳固了自己调味品龙头企业的垄断性地位。但海天味业2019年存货周转天数及应付账款周转天数都呈现出上升的趋势,说明其在资金策略上开始出现了风险,这是该企业需要引起重视的地方。

2. OPM 战略为海天味业降低了融资成本。

从上述分析可以看出,海天味业在2018年之前一直没有短期借款及长期借款,2018年及以后借入了少许的借款,全年债务利息支出微乎其微。但从海天味业的资产负债表中也能够看出,其负债结构中,大部分为流动负债;而流动负债中,大部分为无息负债。无息负债和有息负债相比,没有固定的利息支出,融资成本低,财务风险小。

3. OPM 战略也会为企业带来一定的经营风险和财务风险

海天味业实施 OPM 战略的经营风险主要体现在过度地占用上下游客户的资金,会给对方带来一定的资金压力,可能激化矛盾,甚至还会影响供应商及经销商的正常运营。当经销商拥有充分的选择权时,可能会造成海天味业部分客户的流失,影响其持续经营能力。财务风险主要体现在流动负债占总负债的比重过高,而流动负债中以应付款项和预收款项占比最多,说明海天味业利用自身强势地位无偿占用上游客户大量的现金,容易招到供应商的集体挤兑。流动负债和长期负债长期比例失衡,会为公司带来较高的财务风险。

三、教学设计

(一) 教学目的

通过对本案例的学习,要求学生了解营运资金管理的相关理论知识,并熟悉 OPM 战略的特点,了解企业实施该战略的前提;在实践方面,要求学生了解海天味业近5年的财务情况,并思考其实施 OPM 战略带来的风险及收益;在思想政治层面,要求学生对该案例进行思考和总结;在科研层面,要求学生了解案例素材的收集、整理以及案例论文的写作方法。

(二) 课程思政

1. 通过对本案例的学习,让学生学习海天味业在现金管理方面追求卓越、精益求精的精神。

2. 通过对本案例的学习,学生在专业知识学习方面也应该精益求精、追求卓越。

3. 通过对本案例的深入学习,让学生树立起熟练掌握财务知识、提高自身竞争力的信心。

(三) 教学方法

1. 任务驱动式教学。在社会、企业的真实情景中,以明确的问题意识为任务驱动,让学生带着任务进行自主探索和互动协作学习,在完成既定任务的同时,提高分析和解决问题的能力。

2. 提前在"课堂派"上布置作业。要求学生先熟悉案例基本情况,熟悉营运资金管理的相关概念、现金周转期的计算以及 OPM 战略的实施条件。

3. 在课堂上采用"翻转课堂"的形式。让学生组成小组,结合案例涉及的知识点进行讨论，提出相应的问题，深入思考并提出解决方案。

（四）教学过程

1. 相关概念的复习。在讲述案例之前，首先对学生营运资金管理的相关概念进行抽查。

2. 引导性讲授。先由教师用3—5分钟的时间引述案例，介绍案例的过程、涉及的理论知识、相关的法律法规，并引导学生思考。

3. 案例讲述。由学生讲述案例，并针对自己小组的见解进行阐述。

4. 讨论发言。由学生组成相互评分小组，对其他组的方案进行评价，并提出问题、回答问题。

5. 总结评论。由教师对案例讨论过程中涉及的知识、问题，以及讨论过程中的创新点进行归纳总结，并回答学生提出的问题。

（五）课前准备

1. 教师：熟悉理论知识及教学大纲，通过"雨课堂"及"课堂派"的形式，向学生发放案例资料、学习的要求以及要思考的问题，组织学生进行课前知识预习，合理安排课堂案例讲述以及讨论的时间及内容；书写教案，将课堂上案例讲述及学生讨论的情况及时反映在教案上并及时反馈意见。

2. 学生：课前要求熟悉相关理论知识及案例背景，并积极思考教师在"课堂派"或"雨课堂"上提出的问题。

（六）课后要求

1. 课后布置相关作业，并了解学生对教学的反应，通过"课堂派"或"雨课堂"对学生作业进行检查及监督，回答学生提出的问题。

2. 学生积极完成作业，并加强对教材、案例等知识的学习，通过自己的思考，查找资料并形成论文。

四、理论链接和延伸阅读

（一）理论知识

1. 财务弹性

财务弹性也叫财务适应能力，是指企业适应经济环境变化和利用投资机会的能力，具体是指公司动用闲置资金和剩余负债的能力。应对可能发生的或无法预见的紧急情况，以及把握未来投资机会的能力，是公司筹资对内外环境的反应能力、适应程度及调整的余地。财务弹性的能力来源于现金流量和支付现金需要的比较。当企业的现金流量超过支付现金的需要，有剩余的现金时，企业适应性就强。因此，通常用经营现金流量与支付要求进行比较来衡量企业的财务弹性。

2. OPM战略

OPM战略是指企业充分利用做大规模的优势，增强与供应商的讨价还价能力，将占用在存货和应收账款的资金及其资金成本转嫁给供应商的运营资本管理战略。实施OPM战略的关键是看企业在价值链中有没有竞争优势，比如产品优势、销售渠道优势等。成功的 OPM 战略不仅有助于增强企业的财务弹性,还可增加经营活动产生的现金流量。通过预收购买方的部分货款,延期支付供应商货款,降低采购价格,使企业账面上长期存有大量浮存现金。将这些现金用于规模扩张可以进一步提升企业竞争力,进而带来更多的账面浮存现金。

3. 现金周期

现金周期又叫"现金循环周期",是指企业在经营中从付出现金到收到现金所需的平均时间。现金循环周期的变化会直接影响所需营运资金的数额。现金周期 = 存货周转天数 + 应收账款周转天数 - 应付账款周转天数。

一般来说,存货周转期和应收账款周转期越长,应付账款周转期越短,营运资金数额就越大;相反,存货周转期和应收账款周转期越短,应付账款周转期越长,营运资金数额就越小。此外,营运资金周转的数额还受到偿债风险、收益要求和成本约束等因素的制约。

存货周转天数。是指把原物料或零组件制造为产品,并将产品售出所需的时间,等于 360(或 365 天)/存货周转率,存货周转率 = 营业成本/平均存货。存货周转次数愈多,代表该企业推销商品的能力及经营绩效越佳,因此存货周转天数不宜过长。

应收账款周转天数。是指应收账款收回现金所需的时间,又称为销货悬账天数,等于 360(或 365 天)/应收账款周转率,应收账款周转率 = 营业收入/平均应收账款余额。应收账款周转率越高,表示企业收账的速度及效率越佳。

存货周转天数与应收账款周转天数合称为营业周期。

应付账款周转天数。是指自购进原料或雇佣人工至支付价款及工资所递延的平均天数。

(二)延伸阅读

[1] 侯立红. 苏宁云商 OPM 战略应用的分析[J]. 市场论坛,2013(10):71—72.

[2] 张继德,尉建梅. 万科 OPM 战略成效与启示[J]. 财务与会计,2016(16):33—34.

[3] 麻靖涓,张敦力,李四海. OPM 战略实施、供应链集中度与企业绩效[J]. 财务研究,2019(30):37—46.

[4] 兰素英,于敏. OPM 战略、营运资本管理效率与企业价值——基于制造业上市公司供应链管理的视角[J]. 会计之友,2019(15):55—58.

参考文献

[1] 黄世忠. OPM 战略对财务弹性和现金流量的影响——基于戴尔、沃尔玛、国美和苏宁的案例分析[J]. 财务与会计(综合版),2006(12):15—17.

[2] 兰素英,覃雪梅. 伊利股份基于供应链管理视角的 OPM 战略探析[J]. 时代金融,2018(05)下旬:331—332.

[3] 卢意. OPM 战略、财务弹性与风险控制——基于苏宁云商、国美电器的案例分析[J]. 财会学习,2018(01):229—230.

[4] 郭明星. OPM 战略对企业财务弹性及风险的影响——以海天味业为例[J]. 商业

经济,2020(08):82—82.

［5］裘益政,竺素娥.财务管理案例(第二版)［M］.大连:东北财经大学出版社,2014.

［6］巨潮资讯官网:http：//www.cninfo.com.cn/.

［7］海天味业官网:http：//www.haitian-food.com.

第六章 收益分配管理案例

第一节 上市公司"高送转"案例——以 H 公司为例

一、案例内容

(一) 引 言

用未分配利润送股或资本公积金等转增股本,是上市公司扩大股本的一种方式,本质上应属于上市公司在业绩持续增长情况下,出于股份流动性等考虑,适度扩大股本的需要。但在中国上市公司股利分配过程中,不同于国外公司重现金分红的做法,中国公司更热衷于股票股利的分配方式。其中,不少上市公司送转股比例远远超过公司业绩增幅和股本扩张的实际需求。2008 年至 2018 年间,我国上市公司"高送转"比例平均达 69.43%,且上市公司对其热衷趋势有增无减(详见表 6-1)。但高送转属于权益的内部调整,无法直接反映和提升公司业绩,更无法直接提升上市公司价值。为了规范上市公司"高送转"行为,保护中小投资者的利益,上交所和深交所先后于 2015、2016 和 2018 年出台了上市公司"高送转"相关法律规范,2016 年后上市公司的"高送转"行为才稍有约束。

这种与自身经营发展明显不相匹配的高送转,不仅引发了市场的跟风炒作,每年年报集中公布时产生专门的"高送转"行情,而且导致公司股本过度扩张,每股收益过度摊薄,透支了公司后续发展的空间。更有甚者,除经营因素外,部分高送转公司触及股价低于 1 元面值的退市指标,2020 年 7 月退市的 H 公司就是其中的典型。

表 6-1 2008—2018 年年报高送转公司数量

报告期	进行送转股上市公司数	10 股送转 5 股以上	高送转比例
2008	386	240	62.18%
2009	235	129	54.89%
2010	496	341	68.75%
2011	499	369	73.94%
2012	392	284	72.44%

续　表

报告期	进行送转股上市公司数	10股送转5股以上	高送转比例
2013	410	300	73.17%
2014	526	423	80.41%
2015	511	437	85.52%
2016	417	317	76.02%
2017	569	283	49.74%
2018	24	16	66.67%

数据来源：wind数据库。

(二) 案例介绍

1. 公司基本情况

H公司成立于2004年11月，注册资本398,944万元，是一家专注于互联网视频及手机电视等网络视频技术的研究、开发和应用的公司。2010年8月12日经中国证监会批准，H公司首次向社会公众发行人民币普通股2,500万股，并在深圳证券交易所创业板挂牌上市交易。

2015年5月12日，H公司股价达到179.03元的历史高点，市值突破1700亿元。2020年6月5日，H公司进入退市整理期，7月21日，终止退市，收盘价0.18元，总市值7.181亿元；相比2015年，跌幅高达99.58%。截至2020年3月31日，H公司股东总数28.08万户，除前十大股东外，剩余投资者持有约62%的股份。截至2015年12月31日，H公司营业收入130.17亿元，较上年同期增长90.89%；归属上市公司普通股股东的净利润5.73亿元，同比增长57.41%。截至2020年3月31日，H公司营业收入0.89亿元，同比下降30.98%，相较2015年降幅高达99.31%；归属于上市公司股东的净利润-1.50亿元，同比增长15.52%，相比2015年降幅高达126.18%。

2. H公司五次"高送转"过程

2010年至2019年，在H公司的股利分配方案中，共进行了5次"高送转"，具体见表6-2。

表6-2　H公司2010—2019股利分配方案

年份	股利分配方案
2010	10送2股转10股派1.5元（含税）
2011	10转9股派0.73元（含税）
2012	10转9股派0.5元（含税）
2013	10派0.31元（含税）
2014	10转12股派0.46元（含税）

续 表

年份	股利分配方案
2015	10 派 0.31 元（含税）
2016	10 派 0.8 转 10 股（含税）
2017	不分配
2018	不分配
2019	不分配

数据来源：H 公司公告。

(1) H 公司第一次"高送转"过程

2011 年 3 月 16 日，H 公司发布 2010 年度权益分配方案：以公司现有总股本 100,000,000 股为基数，向全体股东每 10 股送红股 2 股，派 1.5 元人民币现金（含税）；同时，以资本公积金向全体股东每 10 股转增 10 股。分红前公司总股本为 100,000,000 股，分红后总股本增至 220,000,000 股。本次"高送转"股权登记日为 2011 年 5 月 17 日，除权除息日为 2011 年 5 月 18 日。具体股份变动如表 6-3 所示：

表 6-3 第一次"高送转"股份变动图

股份类型	本次变动前		本次变动增减			本次变动后	
	股份数（股）	比例	送股	公积金转股	其他	数量	比例
一、有限售条件股份	75,000,000	75%	15,000,000	75,000,000	-30,467,249	134,532,751	61.15%
二、无限售条件股份	25,000,000	25%	5,000,000	25,000,000	30,467,249	85,467,249	38.85%
股份总数	100,000,000	100%	20,000,000	100,000,000	0	220,000,000	100%

数据来源：H 公司年报。

(2) H 公司第二次"高送转"过程

2012 年 3 月 15 日，H 公司发布 2011 年度权益分配方案：以公司现有总股本 220,000,000 股为基数，向全体股东每 10 股派 0.73 元人民币现金（含税）；同时，以资本公积金向全体股东每 10 股转增 9 股。分红前公司总股本为 220,000,000 股，分红后总股本增至 418,000,000 股。本次"高送转"股权登记日为 2012 年 6 月 12 日，除权除息日为 2012 年 6 月 13 日。具体股份变动如表 6-4 所示：

表 6-4 第二次"高送转"股份变动图

股份类型	本次变动前		本次变动增减			本次变动后	
	股份数（股）	比例	送股	公积金转股	其他	数量	比例
一、有限售条件股份	134,532,749	61.15%		121,079,474		255,612,223	61.15%

续 表

股份类型	本次变动前		本次变动增减			本次变动后	
	股份数（股）	比例	送股	公积金转股	其他	数量	比例
二、无限售条件股份	85,467,251	38.85%		76,920,526		162,387,777	38.85%
股份总数	220,000,000	100%		198,000,000	0	418,000,000	100%

数据来源：H公司年报。

(3) H公司第三次"高送转"过程

2013年5月30日，H公司发布2012年度权益分配方案：以公司现有总股本418,000,000股为基数，向全体股东每10股派0.5元人民币现金（含税）；同时，以资本公积金向全体股东每10股转增9股。分红前公司总股本为418,000,000股，分红后总股本增至794,200,000股。本次"高送转"股权登记日为2013年6月4日，除权除息日为2013年6月5日。具体股份变动如表6-5所示：

表6-5 第三次"高送转"股份变动图

股份类型	本次变动前		本次变动增减			本次变动后	
	股份数（股）	比例	送股	公积金转股	其他	数量	比例
一、有限售条件股份	255,750,082	61.185%	0	230,175,074	0	485,925,156	61.18%
二、无限售条件股份	162,249,918	38.82%	0	146,024,926	0	308,274,844	38.82%
股份总数	418,000,000	100%	0	376,200,000	0	794,200,000	100%

数据来源：H公司年报。

(4) H公司第四次"高送转"过程

2015年5月31日，H公司发布2014年度权益分配方案：以公司现有总股本841,190,063股为基数，向全体股东按每10股派发现金股利0.46元人民币（含税），合计派发现金股利38,694,742.90元（含税）；同时，以资本公积向全体股东按每10股转增12股，合计转增股本1,009,428,076股，转增后公司总股本将增加至1,850,618,139股。本次"高送转"股权登记日为2015年5月12日，除权除息日为2015年5月13日。具体股份变动如表6-6所示：

表6-6 第四次"高送转"股份变动图

股份类型	本次变动前		本次变动增减			本次变动后	
	股份数（股）	比例	送股	公积金转股	其他	数量	比例
一、有限售条件股份	364,490,452	43.33%	0	437,388,542	-25,631,394	776,603,010	41.84%
二、无限售条件股份	476,699,611	56.67%	0	572,039,533	25,631,394	1,079,412,148	58.16%

续　表

股份类型	本次变动前		本次变动增减			本次变动后	
	股份数（股）	比例	送股	公积金转股	其他	数量	比例
股份总数	841,190,063	100%	0	1,009,428,075	0	1,856,015,158	100%

数据来源：H公司年报。

（5）H公司第五次"高送转"过程

2017年4月13日，H公司发布2016年度权益分派方案：以公司现有总股本1,994,720,096股为基数，向全体股东每10股派发红利0.28元人民币现金；同时，以资本公积金向全体股东每10股转增10股，合计资本公积金转增股本1,994,720,096股，本年不送红股，分红后总股本增至3,989,440,192股。本次"高送转"股权登记日为2017年8月24日，除权除息日为2017年8月25日。具体股份变动如表6-7所示：

表6-7　第五次"高送转"股份变动图

股份类型	本次变动前		本次变动增减			本次变动后	
	股份数（股）	比例	送股	公积金转股	其他	数量	比例
一、有限售条件股份	719,458,042	36.31%	0	724,884,616	10,616,537	1,436,549,502	36.01%
二、无限售条件股份	1,262,222,085	63.69%	0	1,269,835,480	10,616,537	2,552,890,690	63.99%
股份总数	1,981,680,127	100%	0	1,994,720,096	0	3,989,440,192	100%

数据来源：H公司年报。

二、案例分析：H公司"高送转"动因

（一）借助"高送转"显著的公告效应抬高股价

如前所述，2010年至今，H公司总共宣布5次"高送转"预案。预案公告日到除权除息日，除2011年和2014年股价下挫外，在2012年、2013年、2015年以及2017年，公司股价均出现不同程度的上涨。特别是2015年3月27日，H公司公布了每10股转增12股的"高送转"方案之后，2015年3月27日至5月13日期间，股价由3月27日的开盘价86.51元，最高增长至5月12日的收盘价179.03元，股价涨幅高达106.95%，详见表6-8所示。

表 6-8 H 公司 2010—2019 年股利分配方案

预案公告日	实施日期	股利分配方案	A 股除权除息日	预案公告日至除权除息日前一个交易日股价涨跌幅
2011.3.16	2011.5.12	10 送 2 股转 10 股派 1.5 元（含税）	2011.5.18	-3.53% [64.79, 62.50]①
2012.3.15	2012.6.7	10 转 9 股派 0.73 元（含税）	2012.6.13	5.18% [44.38, 46.68]
2013.4.10	2013.5.30	10 转 9 股派 0.5 元（含税）	2013.6.5	52.60% [27.49, 41.95]
2014.3.22	2014.5.24	10 派 0.31 元（含税）	2014.5.30	-3.50% [43.38, 41.86]
2015.3.27	2015.5.6	10 转 12 股派 0.46 元（含税）	2015.5.13	106.95% [86.51, 179.03]
2016.3.18	2016.4.26	10 派 0.31 元（含税）	2016.5.3	停牌
2017.4.13	2017.8.21	10 派 0.8 转 10 股（含税）	2017.8.25	停牌
	2018.4.27	不分配		
	2019.4.26	不分配		
	2020.4.27	不分配		

数据来源：H 公司公告和新浪财经。

（二）借助"高送转"效应引入战略投资者进行资本扩张

2015 年 10 月 30 日，为了缓解公司资金压力，满足公司日常经营的资金需求，同时为了优化公司股权结构，引入战略投资者等目的，H 公司与 B 公司签署了《股份转让协议》，以协议方式转让其持有的部分 H 公司股票。B 公司通过本次协议转让，持有 H 公司股份比例将达到总股本的 5.39%，成为 H 公司关联人。

2017 年 1 月 16 日，为了引入战略投资者、优化公司股权结构等目的，H 公司与 C 公司签署了《股份转让协议》，以协议方式转让其持有的上市公司 8.61% 的股份。战略投资者通过本次交易成为该上市公司第二大股东，体现了其对上市公司投资价值和未来发展前景的认可。

（三）"高送转"方案配合限售股解禁

现有研究发现，以前年度曾有定向增发或近期限售股即将要解禁的企业通常会推行"高送转"政策。"高送转"之后公司股价上升，此时配合限售股解禁，持有限售股的股东恰好能在股价高位抛售手中的股票，从中获利。

---

① 闭区间左侧数值为预案公告日开盘价，闭区间右侧数值为除权除息日前一个交易日收盘价。

2015年1月1日，按照高管限售股份规定，H公司实际控制人直接持有的股份总数的25%解除限售，并且2015年5月14日，因公司非公开发行股份作出的承诺期限已满，该实际控制人直接持有的公司股份不再受承诺约束。2015年6月1日、3日以及10月30日，该实际控制人先后减持股票金额约57亿元。

三、教学设计

（一）教学目的

通过对本案例的学习，可缩短教学情境与公司实际情境的距离，做好财务管理理论与公司实践的有效衔接。具体要求学生在理论层面掌握公司收益分配的定义、主要形式及股利理论，在实践层面了解H公司"高送转"的过程及动因，在思政层面对案例公司的高送转行为进行思考和总结，在教学层面了解公司财务案例的讲授方法和注意事项，在科研层面了解公司财务案例素材的收集、整理以及案例论文的写作方法。

（二）课程思政

1. 公司生产经营的主要目的应是服务实体经济。上市公司应专注主业，合理安排投资者的回报方式，依靠优良的业绩吸引投资者，培育健康的价值投资文化。要求学生对H公司实际控制人的行为进行世界观、人生观和价值观的思考和讨论。

2. 通过对H公司经营理念的思考，要求学生对社会主义核心价值观进行深入的思考。

3. 要求学生思考H公司"高送转"背后的动因，讨论H公司"高送转"行为的对与错。

（三）教学方法

本案例采用"情境式"教学法，具体做法如下：

1. 强调案例课程的学习特点要把握"三环节"，即"全面预习"＋"积极讨论"＋"提炼反思"＝"案例学习"。

2. 采用"情境式"教学方法。让学生通过阅读，熟悉案例和相关资料，抓住主线，进入事实情境和设定情境，启动自身全部经验、知识和热情，围绕主线，消化案例材料中所含的所有相关信息，最充分、自由地表达意见；同时，教师给学生以适当的分析、提示和启发。

（四）教学过程

1. 引导性讲授。由教师对本节相关理论知识点以提问的方式进行全面回顾。
2. 案例讲授。由教师进行案例的详细介绍。
3. 讨论发言。案例讲解结束后，全班同学对本案例相关内容进行讨论发言。
4. 总结评论。由主讲教师对师生讨论中涉及的问题进行归纳，对引导性讲授内容进行补充，并回答同学和其他教师的提问。

（五）课前准备

1. 教师：熟悉教材和教学大纲；通过"雨课堂""课堂派"等在线平台发放案例资料和要求；组织集体备课，妥善安排课堂上的讲授与讨论内容的配合；书写教案，再次讲授同样内容时，根据前次授课效果及时反馈意见并进行适当调整。

2. 学生：课前详细阅读本案例相关内容和要求，充分准备讨论的问题。

（六）课后要求

1. 了解学生对教学的反应，通过"雨课堂""课堂派"等在线平台对课后作业进行督导，并对普遍性问题及时加以解释。

2. 了解听课教师对自己授课情况的评价和建议，发现问题及时改进。

3. 学生应该及时完成课后作业，通过延伸阅读，搜集相近案例资料，为案例的选材及课程论文和毕业论文的写作积累素材。

四、理论链接和延伸阅读

（一）理论知识

股票"高送转"属于股票股利和股票拆分领域的研究。股票股利或股票拆分均是在不改变公司基本面的情况下，对公司财务的一种调整。

1. 股票股利

是指公司以增发股票作为股利的支付方式。通常按原有普通股东的持股比例分配新股，其本质是等比例增加原有股东持有流通股的数量，稀释每股普通股的权益，而不会影响公司的资产负债，也不会增加股东权益的总额。根据支付股票股利的资产来源，股票股利又分为送红股和公积金转增股本。

（1）送红股

是指上市公司将未分配利润以股票红利的形式分配给股东的一种分配方式。在这种方式下，上市公司将净利润不以"现金股利"的形式，而以发放股票的形式分配给股东，结果是利润转为股本。送红股后，公司的资产、负债、股东权益的总额及结构并没有发生改变，但总股本增大了，同时每股净资产降低了。

（2）转增股票

是指上市公司将公司的盈余公积金和资本公积金转换为股本，并以发放股票的形式分配给所有股东。盈余公积金是指企业按照规定从税后利润中提取的积累资金，主要用来弥补企业以往年度的亏损和转增资本。资本公积金是在公司的生产经营之外，由资本、资产本身及其他原因形成的股东权益收入。公司的资本公积金主要来源于股票发行的溢价收入、接受的赠与、资产增值、因合并而接受其他公司资产净额等。公积金转增股票与送红股虽然有所不同，但实质是股东权益的内部结构调整，对净资产收益率没有影响，对公司的盈利能力也没有任何实质性影响。

送股和转增股有一定的区别。送股是一种利润分配方式，资金来源为年度税后利润；只有在公司盈利的情况下，才能向股东送股。而转增股是将公司的资本公积金转化为股本，不论公司当年是否盈利均可进行转增。

（3）"高送转"

是指上市公司大比例送红股或大比例以资本公积金转增股票，一般定义为每 10 股送或者转 5 股以上（含 5 股），或者每 10 股送股和转股合计 5 股以上（含 5 股）。"高送转"后，公司股本总数虽然扩大了，但公司的股东权益并不会因此而增加，因为在净利润不变的情况下，由于股本扩大，资本公积金转增股本与送红股将摊薄每股收益。因此，虽然

"高送转"具有扩大股本、降低股票价格、增加股票流通性等的作用,但其实质是股东权益的内部结构调整,对净资产收益率没有影响,对公司的盈利能力也没有任何实质性影响。

2. 股票股利相关理论

(1) 信号传递理论

信号传递理论认为,上市公司管理者与股票投资者之间存在信息不对称,管理者拥有外部投资者不知道的信息,股票股利及股票拆分是管理者向市场传递的公司未来前景的信号。上市公司股票股利和股票拆分会稀释每股盈余,因而这些行为往往是在公司对未来盈利的提升有信心的情况下做的。

(2) 流动性理论

流动性理论也称为最优价格理论。该理论认为,股票价格过高会限制资金量有限的个体投资者的交易行为,影响流动性;而股票拆分、股票股利的发放可以降低股价,提高股票的流动性,增强股票在交易中的活跃性。

(3) 迎合理论

迎合理论是当前解释股利行为的最新理论。该理论最早由 Baker 等提出,指出在管理者理性而投资者非理性情况下,管理者会迎合投资者对股利政策的非理性偏好进行决策,以实现管理者自身利益的最大化。

(二) 延伸阅读

[1] 傅颀,傅晔姿. 上市公司"高送转"与大股东减持行为研究——以天龙集团为例[J]. 财会月刊,2020 (15):50—56.

[2] 姜英兵. 高送转与大股东减持:以海润光伏为例[J]. 会计之友,2017 (06):2—7.

[3] 皮海洲. 海润光伏 A 股市场"高送转"的新典型[J]. 金融经济,2015 (05):26—27.

[4] 徐丹妮. *ST 海润"高送转":价值低估还是助力减持?[D]. 浙江工商大学,2017.

[5] 赵爱玲,赵康旭. 上市公司高派现、高送转股利政策影响因素研究——以大富科技为例[J]. 财会月刊,2019 (17):36—44.

[6] 邹扬虎,蔡雪莹. 上市公司"高送转"动因及影响研究——以吴通控股公司为例[J]. 财会通讯,2019 (08):97—100.

[7] 本案例涉及的相关法律法规见表 6-9。

表 6-9 本案例涉及的相关法律规范

序号	文件名称	文号	发文单位	发文日期	地址链接
1	深圳证券交易所上市公司信息披露指引第 1 号——高比例送转股份	深证上〔2018〕146 号	深圳证券交易所	2018//11/23	http://www.szse.cn/lawrules/rule/listed/stock/P020190228665284394773.pdf

续 表

序号	文件名称	文号	发文单位	发文日期	地址链接
2	上海证券交易所上市公司高送转信息披露指引	上证发〔2018〕100号	上海证券交易所	2018//11/23	http://www.sse.com.cn/lawandrules/sserules/listing/stock/c/c_20181123_4681563.shtml
3	主板上市公司信息披露公告格式第38号		深圳证券交易所	2016/11/23	http://www.szse.cn/certificate/maind/mainrules/P020180627672243096788.pdf
4	中小板上市公司信息披露公告格式第43号		深圳证券交易所	2016/11/23	http://www.szse.cn/certificate/smeboard/SMErules/P02018062765508 3704778.pdf
5	创业板上市公司信息披露公告格式第42号		深圳证券交易所	2016/11/23	http://www.szse.cn/certificate/secondb/GEMrules/P02018062767 0950608062.pdf
6	董事会审议高送转公告格式指引		上海证券交易所	2015/10	

参考文献

[1] 蔡海静, 汪祥耀, 谭超. 高送转、财务业绩与大股东减持规模[J]. 会计研究, 2017（12）: 45—51.

[2] 封小霞. 上市公司"高送转"是高额回报还是利益输送?[J]. 财会通讯, 2018（17）: 74—78.

[3] 何平林, 辛立柱, 潘哲煜, 李涛. 上市公司股票送转行为动机研究——基于股权质押融资视角的证据[J]. 会计研究, 2018（03）: 57—63.

[4] 何涛, 陈小悦. 中国上市公司送股、转增行为动机初探[J]. 金融研究, 2003（09）: 44—56.

[5] 酒莉莉, 刘斌, 李瑞涛. "一劳永逸"还是"饮鸩止渴"——基于上市公司高送转的研究[J]. 管理科学, 2018, 31（04）: 17—29.

[6] 李心丹, 俞红海, 陆蓉, 徐龙炳. 中国股票市场"高送转"现象研究[J]. 管理世界, 2014（11）: 133—145.

[7] 莫小东. 回报股东, 还是套现工具?——基于创业板IPO公司送转股现象的研究[J]. 投资研究, 2015, 34（03）: 81—91.

[8] 王海蕴. 高送转式割韭菜时代终结[J]. 财经界, 2018（12）: 41.

[9] 谢德仁, 崔宸瑜, 廖珂. 上市公司"高送转"与内部人股票减持: "谋定后动"还是"顺水推舟"?[J]. 金融研究, 2016（11）: 158—173.

[10] 熊义明, 陈欣, 陈普, 许红伟. 中国上市公司送转行为动因研究——基于高送转样本的检验[J]. 经济与管理研究, 2012（05）: 81—88.

第二节 洋河股份高派现案例

一、案例内容

（一）引言

股利政策是上市公司期末如何分配其可支配收益的决策。实际上，无论是一般类型的企业还是上市公司，期末都要进行可支配收益的分配，且都是在投资者和企业内部之间进行分配，两者的区别在于如何向投资者分配收益。一般类型的企业主要依据事前的规定或约定向投资者分配收益，且分配的结果不会影响企业未来的筹资行为；上市公司则不然，在决定向股东分配股利之前，需要综合考虑各种因素，公司是否分配、如何分配、分配多少直接影响公司未来的筹资能力和经营业绩。

自 2001 年证监会发布《上市公司新股发行管理办法》以来，又陆续于 2004、2006、2008、2012 和 2013 年对上市公司的现金分红进行了详细规定（详见表 6-19），因此大多数公司一改"铁公鸡"一毛不拔的做法，开始进行持续性或间断性的现金分红，但同时也出现了一些高派现或异常派现的行为。我国特殊的"股权分置""一股独大"等独特制度背景，导致我国上市公司大股东与中小股东之间，在投资成本、权利、投资目标与信息等方面存在重大差异，从而使得现金股利的作用通常不如代理成本理论所论述的可以降低股东与经理人之间的代理成本，解决"自由现金流"问题，也不如信号传递理论所说的向市场传递公司价值提升的好消息。现金股利在我国上市公司及资本市场上所起的作用与我国特有的制度环境相关，更多的是体现在控股股东与中小股东的利益冲突上。股利政策由于行使成本较其他方式，如关联交易等较低，看似更为"合法"，受到的约束较少，所以更易被公司控股股东用来套取上市公司资金。案例公司洋河股份自 2009 年上市以来，一直进行着持续性的高派现，且派现金额呈逐年递增趋势，这让我们不禁反思：公司高派现背后的原因究竟是控股股东对公司的掏空还是公司对投资者的回报？

（二）案例介绍

1. 公司简介

江苏洋河酒厂股份有限公司（以下简称"洋河股份"），是江苏洋河集团有限公司（国企）的控股子公司，位于中国白酒之都——江苏省宿迁市，总占地面积 10 平方公里，下辖洋河、双沟、泗阳三大酿酒生产基地和苏酒集团贸易股份有限公司，是中国白酒行业唯一拥有洋河、双沟两大"中国名酒"和两个"中华老字号"的企业。公司主导产品梦之蓝、洋河蓝色经典、双沟珍宝坊、洋河大曲、双沟大曲等绵柔型系列白酒，在全国享有较高的品牌知名度和美誉度。

公司于 2002 年 12 月 27 日成立，2009 年 11 月 6 日在深圳证券交易所挂牌上市，股票代码 002304，杨廷栋、王耀先后任公司董事长。2012 年 7 月，公司首次跻身上市公司全球 500 强，打破了江苏上市公司全球 500 强零的纪录。截至 2019 年 12 月 31 日，公司总资产 53,455,037,840.98 元，归属于上市公司股东的净资产 36,508,835,491.47 元，实现营业收入 23,126,476,885.07 元，归属于上市公司股东的净利润 7,382,822,726.87 元，基本每股收益 4.8991 元/股。

公司自成立以来，第一大股东为江苏洋河集团有限公司，其控股比例变化如表 6-10 所示。公司实际控制人为宿迁市国有资产管理委员会。公司股权结构见图 6-1。

表 6-10 2009—2019 年洋河股份第一大股东持股比例及数量

年份	股东名称	股东性质	持股比例	持股总数（万股）
2009	江苏洋河集团有限公司	国有法人	34.05%	15322.48
2010	江苏洋河集团有限公司	国有法人	34.05%	15322.48
2011	江苏洋河集团有限公司	国有法人	34.05%	30645.37
2012	江苏洋河集团有限公司	国有法人	34.05%	36775.64
2013	江苏洋河集团有限公司	国有法人	34.05%	36775.64
2014	江苏洋河集团有限公司	国有法人	34.16%	36775.64
2015	江苏洋河集团有限公司	国有法人	34.16%	51485.89
2016	江苏洋河集团有限公司	国有法人	34.16%	51485.89
2017	江苏洋河集团有限公司	国有法人	34.16%	51485.89
2018	江苏洋河集团有限公司	国有法人	34.16%	51485.89
2019	江苏洋河集团有限公司	国有法人	34.16%	51485.89

数据来源：洋河股份公司年度报告。

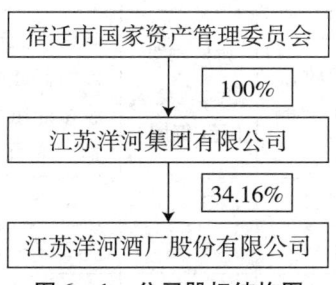

图 6-1 公司股权结构图

数据来源：洋河股份 2019 年年报。

2. 案例过程

（1）洋河股份历年股利分配情况

洋河股份自 2009 年上市以来，公司股利支付具有连续性和稳定性。股利政策以现金股利为主转增为辅，除每年高额派现外，2010 年、2011 年、2014 年分别转增 10、2、4 股。2009—2020 年期间，除 2010 年外，公司的股利支付率基本呈固定增长形式，最低为 2010 年的 19.58%，最高为 2019 年的 61.21%，且基本高于行业平均股利支付率。派现金额最低为 2009 年的每股 0.8 元，最高为 2018 年的每股 3.2 元（详见表 6-11、6-12，图

6-2），每股现金股利均大于0.1元，但每股现金股利均低于每股收益和每股经营现金流量，因此，洋河股份的股利分配属于高派现方式，但不存在异常高派现情况[①]。

表6-11 洋河股份2009—2019年股利分配方案

年份	股利分配方案（10股/元）
2009	10派8
2010	10转增10派10
2011	10转增2派15
2012	10派20
2013	10派20.0665
2014	10转增4派20
2015	10派18
2016	10派21
2017	10派25.5
2018	10派32
2019	10派30
2019	10派30

资料来源：洋河股份2009—2019年度公司年报。

表6-12 2009—2019年洋河股份股利分配相关指标

年份	现金股利总额（亿元）	每股现金股利（元/每股）	每股收益（元/每股）	每股经营活动现金流（元/每股）	归属于上市公司普通股股东的净利润（亿元）	分红总额/净利润	股利支付率	行业股利支付率
2009	3.6	0.8	3.04	3.17	12.54	28.72%	28.72%	30%
2010	4.5	1	4.9	8.53	22.99	19.58%	19.58%	27%
2011	13.5	1.5	4.47	6.17	41.37	32.64%	32.64%	29%
2012	21.6	2	5.7	5.09	61.52	35.11%	35.11%	33%
2013	21.6	2.007	4.63	2.94	50.02	43.18%	43.33%	31%
2014	21.53	2	4.19	2.52	45.08	47.76%	47.76%	30%
2015	27.13	1.8	3.56	3.87	53.65	50.56%	50.56%	38%

---

① 借鉴现有文献，如果进行异常高派现，公司支付的每股现金股利不低于0.1元。另外，还需要满足以下两个或其中的任何一个条件：一是每股现金股利大于每股收益；二是每股现金股利大于每股经营现金流量。

续 表

年份	现金股利总额（亿元）	每股现金股利（元/每股）	每股收益（元/每股）	每股经营活动现金流（元/每股）	归属于上市公司普通股股东的净利润（亿元）	分红总额/净利润	股利支付率	行业股利支付率
2016	31.64	2.1	3.87	4.91	58.05	54.52%	54.52%	34%
2017	38.43	2.55	4.4	4.57	66.19	57.99%	58.06%	35%
2018	48.22	3.2	5.385	6.01	81.15	59.42%	59.42%	33%
2019	45.03	3	4.8991	4.51	73.83	60.99%	61.21%	28%

资料来源：洋河股份 2009—2019 年度公司年报。

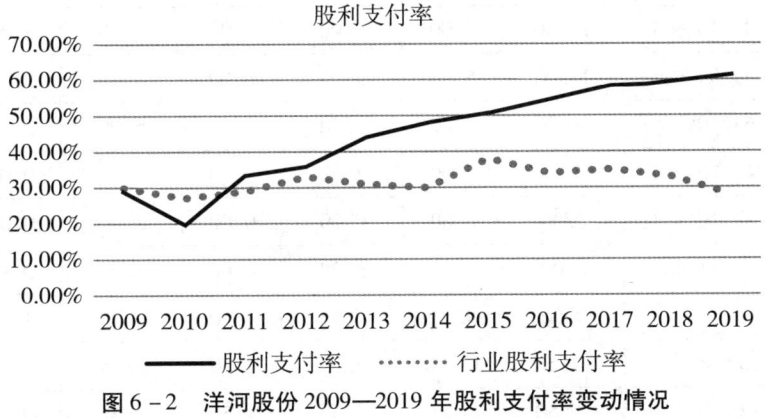

图 6-2 洋河股份 2009—2019 年股利支付率变动情况

此外，公司自上市以来，年现金股利总额基本呈上升趋势，最低为 2009 年的 3.6 亿元，最高为 2018 年的 48.22 亿元。净利润从 2009 年的 12.54 亿上升到了 2019 年的 73.83 亿元，涨幅约 5.97 倍，且现金股利总额均低于净利润。此外，2015—2018 年期间，公司的现金分红总额超过当年净利润的一半，即使 2012—2014 年公司净利润处于下降阶段时，公司的现金分红总额没有相应的减少，而是一直呈持续增长态势（图 6-3）。

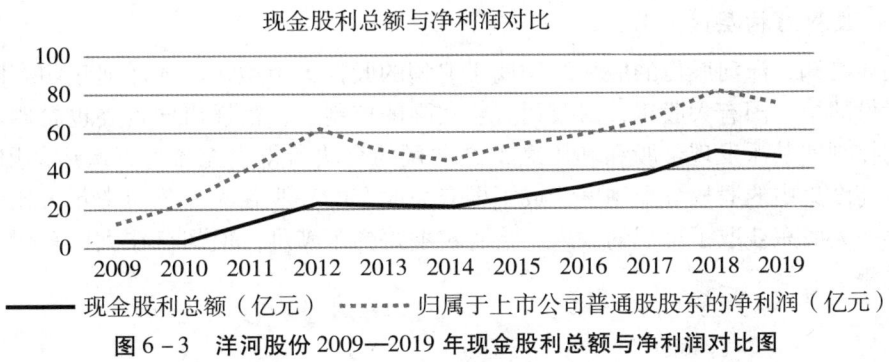

图 6-3 洋河股份 2009—2019 年现金股利总额与净利润对比图

(2) 洋河股份历年股利分配同行对比

《2012 证监会行业分类》，洋河股份属于制造业中的酒、饮料和精制茶制造业版块，本节选取中国白酒行业 7 家知名公司的股利分配情况与之进行对比。由表 6-13 可知，2009—2019 年间，除酒鬼酒、山西汾酒和水井坊个别年份未分红外，8 家白酒企业均进行了现金分红，其中，贵州茅台和洋河股份在个别年份进行了转增，且 8 家企业的派现金额基本呈递增趋势。历年派现金额最高的是贵州茅台，除洋河股份之外的其余 6 企业在 2009—2016 年间派现金额均低于 10 元/股。洋河股份自 2010 年开始，派现金额均在每股 10 元以上，10 年间平均派现金额达到了 19.96 元/股，高于同行业平均水平。

表 6-13　2009—2019 年白酒行业部分公司股利分配情况（单位：元/每 10 股）

年度	贵州茅台	泸州老窖	五粮液	山西汾酒	酒鬼酒	古井贡酒	水井坊	洋河股份
2009	11.85	7.50	1.50	5.00	0.00	0.00	5.40	8.00
2010	23.00，10 送 1	10.00	3.00	5.00	0.00	3.50	2.30	10.00
2011	39.97	14.00	5.00	5.00	0.00	4.50	2.30	15.00
2012	64.19	18.00	8.00	8.00	2.00	5.00	2.30	20.00
2013	43.74，10 送 1	12.50	7.00	3.50	0.00	3.50	0.00	20.07
2014	43.74，10 送 1	8.00	6.00	0.00	0.00	2.00	0.00	20.00
2015	61.71	8.00	8.00	3.20	0.00	1.00	0.75	18.00
2016	67.87	9.60	9.00	5.50	1.10	6.00	4.60	21.00
2017	109.99	12.50	13.00	6.00	1.50	10.00	6.20	25.50
2018	145.39	15.50	17.00	7.50	1.50	15.00	11.42	32.00
2019	170.25	15.90	22.00	9.00	2.00	15.00	14.5	30.00

资料来源：巨潮资讯网。

注：行业股利支付率 = 行业股利总额/行业总股数。其中，行业股利总额为行业内各股普通股股利总额之和，行业总股数为行业内各股发行总股数之和。

二、案例分析：洋河股份高派现动因分析

（一）股权结构层面

由上述可知，洋河股份的股权结构属于典型的股权集中型，江苏洋河集团有限公司作为洋河股份的第一国有大股东，对公司有着实际的控制权，宿迁市国资委也希望通过对洋河股份的控制使其派发现金股利和用缴纳红利税的合法所得去充盈地方政府的财政收入，洋河股份高度集中的股权分配制度造成了国有大股东的一股独大。公司常年大比例的现金分红使第一大股东获取了可观的收入，自身利益得到了满足，但却存在大股东侵害中小股东利益之嫌。

(二)公司基本面

1. 盈利能力

稳定的高盈利能力是公司实行高股利分配政策的基础。由表 6-14 可知，2009—2019 年，洋河股份的营业利润率比较稳定，维持在 40%—45% 之间；总资产利润率和净资产收益率均以 2014 年为分界点，在 2014 年之前呈下降趋势，在 2014 年后波动较小，各自保持在 15% 和 20% 左右。一般而言，公司的净资产收益率保持在 15%—30% 之间比较好，因此，整体来看，公司的盈余能力较好且相对稳定。

表 6-14 洋河股份 2013—2018 年盈利能力指标表

年份	2009	2010	2011	2012	2013	2014	2015	2016	2017	2018	2019
营业利润率	41.62%	40.42%	43.36%	47.41%	44.63%	40.96%	44.48%	44.97%	44.36%	44.76%	42.21%
总资产利润率	19.31%	20.02%	21.91%	26.00%	17.73%	15.68%	15.85%	14.96%	15.30%	16.37%	13.82%
净资产收益率	24.70%	31.86%	40.65%	41.88%	28.77%	22.85%	23.39%	22.37%	22.45%	24.12%	20.22%

资料来源：洋河股份 2009—2019 年年报。

2. 现金流能力

充足的现金流是公司实行高股利分配政策的基础。由表 6-15 可知，2009—2019 年间，公司每年的经营活动净现金流量均高于当年的现金分红额，期间除 2013 年和 2014 年受到相关政策的影响，公司销售整体陷入低谷，净现金流量相应减少外，其余年份的净现金流量呈稳定增长趋势。因此，洋河股份有足够的现金流来支撑公司每年的现金股利支付额。

表 6-15 洋河股份 2009—2019 年经营活动现金流（单位：亿元）

年份	2009	2010	2011	2012	2013	2014	2015	2016	2017	2018	2019
现金分红总额	3.6	4.5	13.5	21.6	21.6	21.53	27.3	31.64	38.43	48.22	45.03
经营活动净现金流	14.28	38.40	55.57	55.00	31.80	27.12	58.36	74.05	68.83	90.57	67.98
净利润	12.54	22.99	41.37	61.52	50.02	45.08	53.65	58.05	66.19	81.15	73.83

资料来源：洋河股份 2009—2019 年年报。

3. 投资机会

投资机会同样影响上市公司的股利分配政策。由表 6-16 可知，除 2019 年投资金额和比例大幅上升外，其余年份投资占比均保持在个位数，且年对外投资金额远远低于派现金额，尤其 2009 和 2010 年的投资占比仅为 0.1% 和 0.12%，表明公司对外投资比例较低，缺乏良好的投资机会，因此大部分的资金用来进行高派现。

表 6-16 洋河股份 2009—2019 年投资情况

年份	长期股权投资（亿元）	交易性金融资产/可供出售金融资产（亿元）	投资合计（亿元）	总资产（亿元）	投资/总资产
2009	0.07	0	0.07	64.91	0.10%
2010	0.14	0	0.14	114.80	0.12%
2011	5.19	12.60	17.79	188.83	9.42%
2012	6.27	15.00	21.27	236.58	8.99%
2013	9.70	2.10	11.80	282.18	4.18%
2014	0.20	11.25	11.45	287.58	3.98%
2015	0.46	11.59	12.05	338.60	3.56%
2016	0.21	14.58	14.79	388.04	3.81%
2017	0.02	34.60	34.62	432.58	8.00%
2018	0.09	27.13	27.22	495.64	5.49%
2019	0.25	179.77	180.02	534.55	33.68%

资料来源：洋河股份 2009—2019 年年报。

4. 偿债能力

由表 6-17 可知，2009—2019 年间，公司的流动比率和速动比率较稳定。其中，流动比率保持在 2 左右，速动比率保持在 1 左右，说明公司的短期偿债能力较强；长期偿债能力指标显示资产负债率相对稳定，保持在 34% 左右，表明公司财务风险不高，且在可控制范围以内。

表 6-17 洋河股份 2009—2019 年偿债能力指标表

年份	2009	2010	2011	2012	2013	2014	2015	2016	2017	2018	2019
流动比率	4.58	2.41	1.64	1.79	1.63	1.86	2.03	2.04	2.12	2.3	2.29
速动比率	3.86	1.91	1.2	1.11	0.8	0.7	0.98	1.05	1.17	1.41	1.41
资产负债率	21.75	35.65	47.53	37.82	38.35	31.4	32.25	32.9	31.82	32.16	31.73

资料来源：洋河股份 2009—2019 年年报。

综上所述，从公司基本层面来看，洋河股份的盈余相对稳定，现金流充足，举债能力较好，且公司近年来缺乏较好的投资机会，支持了公司高派现的做法，且大量的冗余资金留在公司并不能产生更好的投资回报，分配给股东是一种保护投资者的行为。

三、教学设计

（一）教学目的

通过对本案例的学习，可缩短教学情境与公司实际情境的距离，做好财务管理理论与公司实践的有效衔接。具体要求学生在理论层面掌握公司收益分配的形式、影响因素及股利理论，在实践层面了解洋河股份高派现的过程、影响因素和动因，在思想政治层面对洋河股份高派现事件进行深入的思考和总结，在科研层面了解案例素材的收集、整理以及案例论文的写作方法。

（二）课程思政

1. 通过对本案例的系统学习，培养学生正确的世界观、人生观和价值观。
2. 通过对本案例的深入学习，使学生思考如何树立正确的社会主义核心价值观。
3. 要求学生对洋河股份的高派现行为进行思考，分析影响公司股利分配的主要因素，并从代理理论视角讨论大股东借助异常派现进行掏空行为的思政意义。

（三）教学方法

本案例教学采用"翻转课堂"法，具体做法如下：

1. 强调案例课程的学习特点要把握"三环节"，即"全面预习" + "积极讨论" + "提炼反思" = "案例学习"。
2. "翻转课堂"。让学生组成若干讨论小组，结合案例涉及的知识点进行理论"渗透"和实践"转化"；同时，教师在课堂上采用"翻转课堂"的形式深入浅出地讲解知识，可缩短教与学的距离，让学生学有所获。

（四）教学过程

1. 引导性讲授。由教师作3—5分钟的引导性发言，介绍本案例中涉及的相关政策法规、案例背景及专业术语等内容。
2. 案例讲授。由案例小组进行案例的详细介绍。
3. 评论发言。案例讲解结束后，其他同学对本案例相关内容进行评论。
4. 总结评论。由主讲教师对师生讨论中涉及的问题进行归纳，对引导性讲授内容进行补充，并回答同学和其他教师的提问。

（五）课前准备

1. 教师：熟悉教材和教学大纲；通过"雨课堂""课堂派"等在线平台发放案例资料和要求；组织集体备课，妥善安排课堂讲授与讨论的配合；书写教案，再次讲授同样内容时根据前次授课效果及时反馈意见。
2. 学生：课前详细阅读本案例相关内容和要求，相关讨论组需准备好案例讲解资料，非讨论组同学应该充分阅读案例，准备讨论的问题等。

（六）课后要求

1. 了解学生对教学的反应，通过"雨课堂""课堂派"等在线平台对课后作业进行督导，并对普遍性问题及时加以解释。
2. 了解听课教师对自己授课情况的评价和建议，发现问题及时改进。
3. 学生应该及时完成课后作业，通过延伸阅读，搜集相近案例资料，为案例的选材及课程论文和毕业论文的写作积累素材。

四、理论链接和延伸阅读

（一）理论知识

1. 收益分配形式

广义上收益分配的形式包括给企业劳动者支付的职工工资、给债权人分配的利息、给国家支付的所得税、给投资者支付的股利等。就股利支付而言，非股份制企业投资分红一般采用现金形式。但是，股份公司股利形式有一定的特殊性，包括现金股利和其他的股利支付形式。通常认为，现金股利和财产股利是公司向股东发放的实实在在的股利，而股票股利则不认为是真正意义上的股利。我国上市公司目前采用股票股利和现金股利相结合的投资者分配方式。

（1）现金股利。俗称"派现"，是公司最常见、最容易被投资者接受的一种股利支付的形式。这种形式能满足大多数投资者希望得到一定数额的现金这种实在收益的要求，但这种形式增加了企业现金流出量、现金支付压力和企业的财务风险。因此，采用现金股利形式时，企业必须具备两个基本条件：一是要有足够的未指明用途的留存收益（未分配利润），二是要有足够的现金。

（2）股票股利。俗称为"红股"，是指公司以股票形式发放股利。公司常用未分配利润、盈余公积金、资本公积金来增加公司股票数量支持公司的股票股利支付形式。与现金股利不同的是，发放股票股利时，公司的资金只在股东权益账户之间进行移动，公司的现金流不会流出企业，也没有增加公司的资产。因此，发放股票股利不会使公司总资产发生变化，而是增加了公司的股本数量，使得公司股价降低，从而吸引更多投资者的关注。

（3）财产股利。是以现金以往的资产支付的股利，包括公司拥有的其他企业的有价证券，如债券、股票等。

（4）负债股利。是公司以负债支付的股利，通常以公司的应付票据支付给股东，不得已情况下也有发行公司债券支付股利的。

2. 收益分配的影响因素（详见表 6-18）

表 6-18　收益分配的影响因素

法律限制	资本保全的限制	规定公司不能用资本（包括股本和资本公积）发放股利
	资本积累的限制	规定公司必须按净利润的一定比例提取法定公积金，且当提取的公积金累积数额达到注册资本的 50% 时不再计提
	超额累积利润的限制	公司通过过度积累利润，虽然减少了股东股利收入，但由于盈余的积累增加，公司股价提高，从而资本利得增加。因此，过度积累利润，实质上是一种避税行为。目前，我国法律对此尚未做出规定
	偿债能力的限制	基于对债权人的利益保护，如果一个公司已经无力偿付负债，或股利支付会导致公司失去偿债能力，则不能支付股利

续 表

股东因素	稳定的收入和避税	依靠股利维持生活的股东要求支付稳定的股利；高股利收入的股东为避税反对发放较多的股利
	控制权的稀释	持有控股权的股东希望少分股利，多留收益，少增发新股
公司因素	盈余的稳定性	盈余稳定性强可以支付较高的股利；稳定性弱则一般采取低股利政策
	资产的流动性	支付较多的现金股利，会降低资产流动性
	举债能力	举债能力强可以采取较宽松的股利政策；举债能力弱往往采取较紧的股利政策
	投资机会	有良好投资机会时多采取低股利政策；缺乏良好投资机会的公司倾向于较高的股利政策
	资本成本	留存收益与发行新股或举债相比，没有筹资费用，公司有扩大资金需要时应采取低股利政策
	其他	如债务合同（限制现金支付程度条款，低现金股利政策）、通货膨胀（货币购买力低，低现金股利政策）

3. 股利理论

（1）股利无关论（MM 理论）

主要观点：投资者并不关心公司股利的分配；股利的支付比率不影响公司的价值。

（2）股利相关论

第一，"一鸟在手"理论。股东更偏好于现金股利而非资本利得，倾向于选择股利支付率高的股票。

第二，税收效应理论。资本利得收益比股利收益更有助于实现收益最大化目标，公司应采取低股利政策。

第三，信号传递理论。在信息不对称的情况下，公司可以通过股利政策向市场传递有关公司未来盈利能力的信息，从而影响公司的股价。如预期未来获利能力强的公司，往往愿意通过相对较高的股利支付水平把自己同预期获利能力差的公司区分开来，以吸引更多的投资者。

第四，代理理论。股利政策有助于减缓管理者与股东之间的代理冲突，即股利的支付能够有效地降低代理成本。原因一，股利支付减少了管理者的自由现金流权，抑制管理者的过度投资或在职消费；原因二，较多的现金股利发放，减少了留存收益，使得公司往往不得不进行外部融资，从而接受资本市场上更严格的监督。

（二）延伸阅读

[1] 黄韦华，刘秀春，裘益政. MBO 上市公司高现金分红行为分析——以水井坊为例[J]. 财务与会计（理财版），2010（03）：31—32.

[2] 蒋东生."高分红"真的是掏空上市公司的手段吗？——基于用友软件的案例分析[J]. 管理世界，2010（07）：177—179.

[3] 李永梅. 上市公司现金股利政策研究——基于柳工持续派现的分析[J]. 财会通讯, 2014 (08): 10—11.

[4] 刘孟晖, 陈碧野. 伟星股份的异常高股利: 成长不足抑或财富转移[J]. 财会月刊, 2016 (28): 70—73.

[5] 刘孟晖, 侯月娜. 南玻集团的异常高派现: 成长不足抑或低代理成本[J]. 财会通讯, 2018 (17): 106—110.

[6] 潘泽江, 柏松. 上市公司高现金股利深层次原因分析——以同仁堂股份有限公司为例[J]. 财会通讯, 2019 (14): 62—67.

[7] 秦小丽. 贵州茅台股利分配及其影响因素剖析[J]. 财会月刊, 2017 (10): 79—84.

[8] 王艳, 王新诺. 新上市公司超能力派现行为分析——以英飞拓为例[J]. 财务与会计(理财版), 2014 (09): 28—30.

[9] 张海报, 李明. 高现金分红对企业价值的提升及其影响途径研究——以格力电器公司为例[J]. 财会通讯, 2017 (19): 57—61.

[10] 张海报. 贵州茅台为何能保持高现金分红?[J]. 财会月刊, 2013 (08): 91—94.

[11] 朱武祥, 杜丽虹. 股东价值取向差异与股东利益最大化实践问题——佛山照明案例分析[J]. 管理世界, 2004 (06): 113—122.

[12] 本案例涉及的相关法律法规见表6-19。

表6-19 本案例涉及的相关法律规范

序号	文件名称	文号	发文单位	发文日期	地址链接
1	上市公司监管指引第3号——上市公司现金分红	证监会公告〔2013〕43号	中国证券监督管理委员会	2013//11/30	http://www.csrc.gov.cn/pub/newsite/flb/flfg/bmgf/ssgs/gszl/201401/t20140122_242989.html
2	中国证券监督管理委员会关于进一步落实上市公司现金分红有关事项的通知	证监发〔2012〕37号	中国证券监督管理委员会	2012/5/4	http://www.csrc.gov.cn/pub/newsite/flb/flfg/bmgf/ssgs/gszl/201310/t20131016_236322.html
3	关于修改上市公司现金分红若干规定的决定	中国证券监督管理委员会令第57号	中国证券监督管理委员会	2008/10/9	http://www.csrc.gov.cn/pub/newsite/flb/flfg/bmgz/ssl/201012/t20101231_189736.html
4	上市公司证券发行管理办法	中国证券监督管理委员会令第30号	中国证券监督管理委员会	2006/5/8	http://www.csrc.gov.cn/pub/newsite/flb/flfg/bmgz/fxl/201012/t20101231_189701.html

续 表

序号	文件名称	文号	发文单位	发文日期	地址链接
5	关于加强社会公众股东权益保护的若干规定	证监发〔2004〕118号	中国证券监督管理委员会	2004/12/7	http://www.csrc.gov.cn/pub/newsite/flb/flfg/bmgf/ssgs/gszl/201012/t20101231_189735.html
6	上市公司新股发行管理办法（已废止）	中国证券监督管理委员会令第1号	中国证券监督管理委员会	2001/3/28	http://www.csrc.gov.cn/pub/zjhpublic/zjh/200804/t20080418_14471.htm

参考文献

[1] 曹志鹏，袁志玉. 媒体关注与现金股利支付行为——基于我国A股市场IPO扩容前后数据[J]. 财会月刊，2019（10）：33—41.

[2] 高峻，闻襄鸿. 上市公司异常高派现与不派现行为的实证研究——基于股权结构视角[J]. 财会通讯，2016（26）：50—53.

[3] 胡泽民，刘杰，李刚. 控股股东代理问题、现金股利与企业绩效[J]. 财会通讯，2018（27）：60—66.

[4] 姜付秀，伊志宏，苏飞，黄磊. 管理者背景特征与企业过度投资行为[J]. 管理世界，2009（01）：130—139.

[5] 刘孟晖，高友才. 现金股利的异常派现、代理成本与公司价值——来自中国上市公司的经验证据[J]. 南开管理评论，2015，18（01）：152—160.

[6] 刘孟晖. 内部人终极控制、股权特征与异常派现[J]. 财贸研究，2011（06）：24—132.

[7] 刘孟晖. 内部人终极控制及其现金股利行为研究——来自中国上市公司的经验证据[J]. 中国工业经济，2011（12）：122—132.

[8] 刘梦婷. 上市公司现金股利政策动因研究[J]. 财会通讯，2012（26）：40—41.

[9] 刘星，谭伟荣，李宁. 半强制分红政策、公司治理与现金股利政策[J]. 南开管理评论，2016，19（05）：104—114.

[10] 彭芳春，陈卓，齐勤. 上市公司存在股利信号传递效应吗？——基于"现金牛"与"铁公鸡"对称样本[J]. 财会通讯，2016（30）：111—114.

[11] 彭桃英，周伟. 中国上市公司高额现金持有动因研究——代理理论抑或权衡理论[J]. 会计研究，2006（05）：42—49.

[12] 申慧慧，于鹏，吴联生. 国有股权、环境不确定性与投资效率[J]. 经济研究，2012，47（07）：113—126.

[13] 王怀明，史晓明. 公司治理结构与超能力派现的实证研究[J]. 审计与经济研究，2006，21（5）：82—85.

[14] 王信. 从代理理论看上市公司的派现行为[J]. 金融研究，2002（09）：

44—52.

　　［15］魏志华，李常青，吴育辉，黄佳佳．半强制分红政策、再融资动机与经典股利理论——基于股利代理理论与信号理论视角的实证研究［J］．会计研究，2017（07）：55—61+97.

　　［16］魏志华，李茂良，李常青．半强制分红政策与中国上市公司分红行为［J］．经济研究，2014，49（06）：100—114.

　　［17］伍利娜，高强，彭燕．中国上市公司"异常高派现"影响因素研究［J］．经济科学，2003（01）：31—42.

　　［18］杨宝，沈珍，丁欢．中国式"股利之谜"的统计特征研究——基于1990—2015年上市公司数据的考察［J］．财会通讯，2018（05）：28—32.

　　［19］袁天荣，苏红亮．上市公司超能力派现的实证研究［J］．会计研究，2004（10）：63—70.

　　［20］支晓强，胡聪慧，吴偎立，刘玉珍．现金分红迎合了投资者吗——来自交易行为的证据［J］．金融研究，2014（05）：143—161.

　　［21］卓雅心，郑蓉，干胜道．基于公司治理的上市公司异常派现行为研究［J］．财会月刊，2015（14）：17—21.

　　［22］江苏洋河酒厂股份有限公司：https://www.chinayanghe.com/.

第七章 并购与重组专题

第一节 HT 钢铁重组

一、案例内容

(一) 引 言

2009年7月,HT集团HT钢铁股份公司的职工,因反对LL重工集团有限公司对HT钢铁进行增资扩股,在HT钢铁厂区内聚集上访,人员一度达到千余人,堵塞原料运输线,一度造成工厂内多座高炉停产。LL集团派驻HT钢铁股份公司总经理陈某赶到现场与干部开会时,被职工围堵在办公楼内。后来事件升级,现场多人、数次对陈拳打脚踢,陈被打伤流血不止,经抢救无效去世。

事情发生后,政府高度重视,当晚便紧急叫停了这桩重组并购。LL钢铁牵手HT集团,曾为中国钢铁业兼并重组中跨区域、跨所有制的重组创造了一个典范,但HT喋血事件让其重新归零,发生的命案使HT的股权改革染上了悲剧色彩。

(二) 公司基本情况

1. HT集团简介

HT钢铁集团是隶属于SG总公司旗下的子公司之一,属大型钢铁联合企业,目前拥有矿山、钢铁、贸易、IT等不同性质的七家子公司。HT钢铁集团股份有限公司是J省属最大的工业企业,国家振兴东北老工业基地重点支持的企业,始建于1958年6月,2005年12月改制并与民营企业重组,2009年12月民营企业退出HT钢铁,2010年7月与SG联合重组,注册资本181,990.85万元。其中,SG总公司、SG控股合计持有HT钢铁77.59%股权,中国华融资产公司、J省国资委分别持有10.33%、10%股权,其他小股东合计持有2.08%股权,HT钢铁成为SG集团的外埠核心钢铁企业。

HT钢铁集团总部坐落于长春市,下辖HT钢铁公司、HT钢铁矿业公司、磐石钢管公司、四平制品公司4家控股公司,HT钢铁国际贸易公司、JL焊管公司、HT钢铁自信公司3家全资子公司,资产总额324.25亿元,钢年产能500万吨,职工总数19,632人。HT钢铁集团主要产品有板材、建材、优特钢、型材、管材5个系列。所属企业的产品构成情况为:HT钢铁主要生产生铁、焦炭、钢坯、热轧宽钢带、冷轧宽钢带、型材、棒材、钢筋、高速线材等产品,HT钢铁矿业主要生产铁精粉、球团矿、生铁等产品,磐石钢管主要生产无缝钢管，JL 焊管主要生产高频焊管，四平钢铁主要生产冷轧宽钢带、预应力钢绞线。HT 钢铁公司产品主要应用于机械制造、石油开采、高层建筑、高速公路、桥梁隧道、水利枢纽、电力建设等领域。

2. LL 集团简介

LL 集团起步于 1998 年，2000 年 9 月通过增资扩股，与 FX 集团合作组成了有限责任公司。公司主要涉足钢铁、资源和相关产业等三大产业，现已发展成为包括铁矿石开采、铁精粉磁选、高碱矿烧结、酸性球团矿烧结、炼铁、炼钢、轧钢（带钢）、制氧以及机修和铸造等工艺合理、工序配套的钢铁联合企业，铁钢材配套生产能力 150 万吨。其主要产品为热轧带钢，产品覆盖广东、江浙、东北、华北、京津等 13 个省市自治区。其中钢铁产业拥有唐山 LL、承德 LL、黑龙江 LL、抚顺 GT 四个控股子公司和宁波 GT、HT 集团两家参股公司。

从传说的 5 万元起家，到拥有数百亿元资本，十年时间，LL 以"并购重组"顺利扩张，成就钢铁梦。至 2006 年底，企业总资产 229 亿元，名列中国企业 500 强第 214 位。

（三）案例过程

1. 第一次重组

2005 年，随着振兴东北老工业基地的国家战略与中国钢铁业重组浪潮的兴起，816 户 JL 地方国有及国有控股工业企业被要求在年内完成改制，HT 集团正在其中。HT 集团如果达不到千万吨规模，极有可能被并入其他省的钢铁集团，J 省从而会失去为本地钢铁业布局的主动权。为了把握主动权，J 省国资委希望通过引进有实力的投资者，对 HT 进行改制，而 LL 集团作为有实力的钢铁民营企业，有成功改制 MG 钢铁的经验，成为 J 省国资委的重点引进对象。

当年的评估资料显示，以 2005 年 9 月 30 日为基准日，LL 经评估，流动资产账面价值为 20.05 亿元，固定资产账面原值为 10.82 亿元，固定资产账面净值为 8.45 亿元，在建工程账面价值为 6868 万元，无形资产账面价值为 4750 万元，净资产账面价值为 11.69 亿元。HT 集团的评估结果是，净资产为 28.36 亿元。2005 年 12 月，浙江 LL 以持有 LL 的全部股权和 8 亿元现金（每股作价 14.0458 元）为代价，参与 HT 钢铁集团的第一次重组。重组完成后，LL 持有 HT 集团 36.19%的股权、华融资产持有 14.60%的股权、省国资委持有 46.64%的股权，HT 2002 年至 2004 年期间的经营管理者持有 2.57%的股权。

新 HT 集团重组完成后，J 省国资委仍然是第一大股东，其总资产 139 亿元，注册资本达 38.81 亿元，形成国有、民营、金融机构、经营管理层共同出资的多元产权结构和法人治理结构。新 HT 集团董事会由 7 人组成，其中，原 HT 集团方面 3 人，LL 钢铁 2 人，华融资产管理公司 1 人，企业管理层 1 人，董事长由原 HT 集团董事长安凤成出任。HT 总部搬至长春，而位于通化市的钢铁厂，作为集团子公司更名为 HT 钢铁股份有限公司。

2. 第二次重组

2009 年 7 月，随着 4 万亿政策投资的拉动，钢铁行业逐渐走出了亏损的阴霾。2009 年 4 月份 HT 大幅减亏，5 月份仍在亏损。2009 年 6 月，HT 首次扭亏实现盈利 6000 余万元，7 月前 20 天，HT 粗钢产量创历史新高。在这种情况下，LL 集团决定再次入主 HT 集团。

2009年7月22日，J省国资委向HT集团高层传达重组决定：LL集团以10亿元现金和其持有的HT矿业有限责任公司股权，向HT集团增资控股，持股66%，J省国资委直接持有HT集团的股权降至34%。

听到此消息后，HT部分职工找集团领导及LL管理层抗议。7月23日，J省国资委召开会议，宣布LL集团再次收购、控股HT集团。但该计划遭到HT职工强烈抵制。7月24日发生群体性事件，导致LL集团委派的总经理陈国军被围殴致死，集团子公司HT钢铁停产。当晚，J省政府宣布，LL将永不参与HT重组。此次并购以失败告终，导致巨大的经济损失，并形成了极为不好的负面社会影响。

二、案例分析

这场染血的改革突出地反映了并购方LL集团作为大股东和管理层与HT员工之间的尖锐矛盾，反映了企业在重组和发展过程中忽视员工利益所带来的惨重后果。侵害员工利益一味追求股东财富最大化的行为表现总结有以下两方面：

（一）失衡的薪酬体系

在此次的HT事件中，员工和管理层收入差距过大是反映较为集中的一个问题。很多工人都抱怨，自LL集团来了以后收入锐减。LL推行的薪酬改革的核心是多劳多得，并提高管理层薪酬标准，通过"ABCD"打分决定薪水的多少，高者（如总经理）收入可超百万元，而业绩差的底层工人，收入只有三四百元。这些"正常"的市场化改革手段却让HT很多老工人难以接受。

差别化的薪酬体系在现代企业中随处可见，但对于刚从国企改制过来的吃"大锅饭"的HT职工而言，这种骤然的改变必然对其心理造成巨大冲击。然而，LL只是单纯地推行新的薪酬体系，对员工观念的转变却不在意，不被员工认可的薪酬体系又怎能真正起到激励的作用？最终其带来的结果只能是适得其反。

（二）"无处安放"的员工权利

在此次事件中，受到广泛质疑的是股权调整决定的突然性，这种突然性让很多普通职工没有思想准备。那为什么不就此事事先召开职工代表大会征求职工意见？此事属于单纯的股权结构调整，是在HT集团已经实施改制，员工身份全部转换，各股东协商一致的情况下，履行的相关审核、审批手续。按照《企业国有资产法》的规定，股权调整方案没有涉及职工安置和裁员等问题，且已分层次召开多个座谈会，向大家宣传、解释了实施方案的必要性。方案的实施符合国家法律法规，不需要征求职工意见。

绕开职工代表大会，对LL而言显然避免了许多"麻烦"。然而即使真如国资委所言，各种程序是合法的，但如此大的改制，把企业体制从国有主导变为民营主导必然牵扯到每个职工的利益，虽然暂时可能并不涉及职工安置等涉及其切身利益的问题，但职工肯定会从个人今后命运的角度进行猜想，难免会有一些担忧和顾虑。

从整个案例的发展过程，我们可以看到公司治理结构中，利益相关者认为不能将公司定位于投资人所有。股东只是公司利益相关者之一，除此之外，公司职工、消费者、客户、当地社区等都与公司存在某种利害关系，是公司的利益相关者。企业各利益相关者的利益最大化才是现代公司的经营目的，这不仅公平而且具有社会效率。在所有利益相关者中，职工是最重要的利益相关者，是公司发展的主导力量。特别在并购重组这样的重大经济决策面前，如何正确处理经济目标与员工利益之间的关系，我们得到了以下四点启示：

第一，股东应当树立起职工是公司最重要的利益相关方的意识。完善职工持股制度，培养企业文化，鼓励职工积极参与到企业的发展中来。

第二，完善职工持股制度，同时可以更多地借鉴成功企业的企业文化战略，使得职工对公司产生认同感，积极参与到公司治理当中。

第三，国有企业，特别是处于改革阶段的国有企业必须尊重职工代表大会对于企业重大事项的意见。如企业重组、出售重大资产等事项需经过职工代表大会讨论通过。

第四，国企职工的社会保障和技能培训必须同步跟进。只有职工的实力得到提升，才可能真正有参与公司治理的能力和热情。

三、教学设计

（一）教学目的

通过对本案例的学习，要求学生从理论层面掌握企业在重组过程中应如何处理经济目标与利益相关者之间的关系，从实践角度理解民营企业 LL 钢铁重组国有企业 HT 钢铁过程的始末，对该事件进行思想政治层面的思考和总结，在教学层面了解公司财务案例的讲授方法和注意事项，在科研层面了解公司财务案例素材的收集、整理以及案例论文的写作方法。

（二）课程思政

1. 通过对本案例的系统学习，培养学生正确的世界观、人生观和价值观。

2. 要求学生对民营企业保障企业员工权益问题进行思考，分析案例中导致重组失败的主要原因及事实依据。

3. 通过对本案例的深入学习，使学生学会思考如何树立正确的社会主义核心价值观。

（三）教学方法

本案例采用的教学方式为课堂理论讲授＋任务驱动式教学＋"情景式"教学，具体做法如下：

1. 课堂理论讲授教学过程中强调学习中的"三环节"，即"预习"＋"练习"＋"复习"＝"学习"。

2. 任务驱动式教学强调，在学习巩固本章节内容过程中，学生在教师的帮助下，紧紧围绕该章主题作为任务活动中心，在强烈的问题意识驱动下，通过对学习资源的积极主动应用，进行自主探索和互动协作的学习；同时，在完成本章理论知识学习的既定任务时，由教师引导学生进行案例研习的实践活动，为"翻转课堂"做准备。

3. 采用"情景式"教学方法。让学生通过阅读，熟悉案例和相关资料，抓住主线，进入事实情境和设定情境，启动自身全部经验、知识和热情，围绕主线，消化案例材料中所含的所有相关信息，最充分、自由地表达意见；同时，教师给学生以适当的分析、提示和启发。

（四）教学过程

1. 引导性讲授。由教师对本节相关理论知识点以提问的方式进行全面回顾。

2. 案例讲授。由教师进行案例的详细介绍。

3. 讨论发言。案例讲解结束后,全班同学对本案例相关内容进行讨论发言。

4. 总结评论。由主讲教师对师生讨论中涉及的问题进行归纳,对引导性讲授内容进行补充,并回答同学和其他教师的提问。

(五) 课前准备

1. 教师:熟悉教材和教学大纲;通过"雨课堂""课堂派"等在线平台发放案例资料和要求;组织集体备课,妥善安排课堂的讲授与讨论在内容上的配合;书写教案,再次讲授同样内容时根据前次授课效果及时反馈意见。

2. 学生:课前详细阅读本案例相关内容和要求,充分准备讨论的问题。

(六) 课后要求

1. 了解学生对教学的反应,通过"雨课堂""课堂派"等在线平台对课后作业进行督导,并对普遍性问题及时加以解释。

2. 了解听课教师对自己授课情况的评价和建议,发现问题及时改进。

3. 学生应该及时完成课后作业,通过延伸阅读,搜集相近案例资料,为案例的选材及课程论文和毕业论文的写作积累素材。

四、理论链接和延伸阅读

(一) 理论知识

1. 并购

两个以上公司合并,组建新公司或相互参股,往往同广义的兼并和收购是同一意义,它泛指在市场机制作用下,企业为了获得其他企业的控制权而进行的产权交易活动。

2. 并购的财务管理目标

企业并购战略指并购的目的及该目的的实现途径,内容包括确定并购目的、选择并购对象等。并购目标直接影响文化整合模式的选择,并购战略类型对文化整合模式有影响。在横向兼并战略中,并购方往往会将自己部分或全部的文化注入被兼并企业,以寻求经营协同效应;而在纵向一体化兼并战略和多元化兼并战略下,兼并方对被兼并方的干涉大为减少。因此,在横向兼并时,兼并方常常会选择替代式或融合式文化整合模式;而在纵向兼并和多元化兼并时,选择促进式或隔离式文化整合模式的可能性较大。

(二) 延伸阅读

[1] 程凤朝,闫相杉,叶依常. 我国上市公司并购重组股票定价合理性研究[J]. 宏观经济研究,2015 (01):31—41+94.

[2] 邬海凤. 国有企业资产重组有关问题的探讨[J]. 纳税,2018 (17):143—144.

[3] 窦炜,Sun Hua,郝颖. "高溢价"还是"高质量"?——我国上市公司并购重组业绩承诺可靠性研究[J]. 经济管理,2019,41 (02):156—171.

[4] 李传宪. 政治关联、债务重组扭亏与公司投资效率[J]. 审计与经济研究,2014,29 (02):76—84.

[5] 薛健,窦超. 并购重组过程中的信息泄露与财富转移[J]. 金融研究,2015

(06): 189—206.

　　[6] 尹筑嘉, 杨晓光, 黄建欢. 大股东主导的资产重组、公司效率与利益侵占——基于中国重组类整体上市案例的研究[J]. 管理科学学报, 2013, 16 (08): 54—67.

　　[7] 杨柔坚. 股权结构对上市公司并购重组绩效影响的研究——按关联与非关联交易分类[J]. 审计与经济研究, 2016, 31 (06): 67—76.

　　[8] 邹俊. 中央企业战略重组及其国际竞争力提升研究[D]. 吉林大学, 2014.

参考文献

　　[1] 卢福财, 陈小锋. 从"通钢事件"看心理契约违背在企业并购中的影响[J]. 经济与管理研究, 2010 (06): 115—122.

　　[2] 马华. 国有企业改制中的官方、资方与劳方——以"通钢事件"为视野[J]. 北方经济, 2009 (23): 70—71.

　　[3] 彭志, 肖土盛. 上市公司并购重组与内幕交易行为研究[J]. 证券市场导报, 2018 (01): 30—39.

　　[4] 裘益政, 竺素娥. 财务管理案例 [M]. 大连: 东北财经大学出版社, 2011.

　　[5] 石永亮. 企业资产重组中的财务问题研究[J]. 当代会计, 2018 (03): 22—23.

　　[6] 王健君. 通钢悲剧的逻辑[J]. 瞭望, 2009 (32): 5—6.

　　[7] 王聪. 企业资产重组中的财务问题研究[J]. 会计师, 2018 (06): 32—33.

　　[8] 周政华, 张鹭. 通钢悲剧——通钢"7·24"事件全记录[J]. 中国新闻周刊, 2009 (29): 24—28.

第二节　学生研习案例——HE并购GE

一、案例内容

(一) 引　言

　　20世纪90年代末, HE集团进入"国际化战略发展阶段", 开始全力进军海外市场。目前, HE的海外扩张路径早已在跨国并购中成为"双赢"的样板: 2011年, HE以约100亿日元的价格收购了日本三洋在日本和东南亚地区的洗衣机、冰箱等电器业务, 并于2014年首次实现盈利; 2012年, HE又以7亿美元的价格, 拿下新西兰家电企业斐雪派克的决策权, 使其品牌价值提升20%, 市场份额增长近50%, 树立了中国—新西兰企业合作的新典范; 2016年1月, 青岛HE以55.8亿美元收购GE, HE通过并购美国GE业务, 利用GE成熟的品牌及市场等资源, 打开了在美国停滞不前的家电市场。

(二) 公司基本情况

1. 并购方——HE集团

　　HE集团创立于1984年, 是全球大型家电品牌, 目前已从传统制造家电产品的企业转型为面向全社会孵化创客的平台。在互联网时代, HE致力于成为互联网企业, 颠覆传统企业自成体系的封闭系统，变成网络互联中的节点，互联互通各种资源，打造共创共赢新平台，实现攸关各方的共赢增值。

公司主要从事冰箱/冷柜、洗衣机、空调、热水器、厨电、小家电、U-home 智能家居产品等的研发、生产和销售，为消费者提供智慧家庭成套解决方案；公司渠道综合服务业务主要为客户提供物流服务，家电及其他产品分销、售后及其他增值服务。

2. 被并购方——GE

GE 公司成立于 1892 年，是世界上大型的电子设备和电器制造商及提供技术和服务的跨国公司，其经营的业务包括航空发动机、电气设备、航空服务、金融保险服务、能源系统等，GE 希望通过多元化服务和技术产品，为大、中、小客户带来美好生活。根据 2018 年公布的世界五百强排名中，GE 公司排名在 41 位；2017 年 6 月，《2017 年 Brand Z 最具价值全球品牌 100 强》公布，GE 公司排名第 19 位。在全球 100 多个国家及地区参与经营的 GE，有着约 315,000 名员工。

2016 年 1 月 15 日，HE 集团和 GE 在美国签署了合作谅解备忘录，HE 并购 GE。GE 业务种类比较多，此次出售给 HE 的仅其家电业务。2018 年 6 月 26 日，GE 宣布，GE 将重点专注于喷气发动机、发电厂和可再生能源业务。

（三）案例过程

1. 案例背景

2008 年，GE 第一次出售家电业务，当时 HE 就有意接盘，后由于金融危机的影响，这次交易最终搁浅。2014 年，GE 再次出售家电业务，经过多方角逐，最终伊莱克斯以 33 亿美元的报价达成交易。但是本次交易遭到美国司法部的驳回，认为伊来克斯收购 GE 将带来家电价格上升的风险。本次交易被驳回前，GE 已经经历了长达一年的交割前整合，为后续 HE 的顺利收购打下了基础。

2. 案例过程

2015 年 10 月 17 日，青岛 HE 发布重大事项停牌公告，青岛 HE 公司股票自 2015 年 10 月 19 日开市起停牌。

2016 年 1 月 16 日，青岛 HE 发布重大资产购买预案，首次约定此次海外并购拟采取的支付手段及支付金额，并约定了拟收购的内容。根据青岛 HE 被审计后的合并财务报表显示，2014 年期末 HE 净资产 218.40 亿元人民币，此次并购的标的价格 54 亿美元超过青岛 HE 最近一个会计年度经审计的合并财务报告期末资产净额的 50%，且超过 5000 万元人民币，因此，本次交易构成重大资产重组。

2016 年 1 月 30 日，青岛 HE 发布股票复盘的提示性公告，经青岛 HE 向上海证券交易所申请，青岛 HE 股票将于 2016 年 2 月 1 日开市起恢复交易。

2016 年 3 月 12 日，青岛 HE 发布关于公司重大资产购买相关交易通过美国反垄断审查的公告，公告显示青岛 HE 收到美国联邦贸易委员会竞争局并购前申报办公室出具的函件，该函件说明，美国反垄断机构审查通过了青岛 HE 本次海外并购案的事项。

2016 年 3 月 15 日，青岛 HE 发布重大资产购买报告书，报告书概述为 2016 年 1 月 14 日，青岛 HE 与 GE 签署了《股权与资产购买协议》。协议约定，青岛 HE 通过现金方式向 GE 购买其家电业务相关资产，交易金额为 54 亿美元。本次交易 HE 收购 GE 及其子公司所持有的家电业务资产。

此外,协议约定青岛 HE 与 GE 公司将于本次交易交割时或交割前签订《商标许可协议》,GE 将根据《商标许可协议》的具体约定,授权青岛 HE 使用 GE 商标,初始使用期限为 20 年,在初始期限或之后的任何续展期限届满时,青岛 HE 通过向许可方发出书面通知的方式即可进行续展;但在第二个续展期限届满(即 40 年)或之后的任何续展期限结束时,GE 可以通过提前向青岛 HE 发出通知的方式选择不再进行续展。

2016 年 6 月 6 日,青岛 HE 已依照《股权和资产购买协议》的约定将本次交易对价 5,580,349,597.26 美元支付给交易方及相关主体。该笔交易价款总额系按照《股权和资产购买协议》,在基础交易对价 54 亿美元的基础上,进行调整后的实付交易对价。

2017 年 1 月 12 日,青岛 HE 发布重大资产购买实施情况报告书。2017 年 1 月 10 日,交易双方及相关各方签署《补充协议》,并根据《购买协议》约定的价格调整机制,将本次交易的最终交易对价确定为 5,611,601,583 美元。青岛 HE 通过收购 GEA,完善了全球布局,夯实了"走出去"基础。

二、案例分析

(一)横向并购

HE 公司与 GE 家电产业存在同行业竞争关系,同属于家电产业。经过这次并购,HE 公司成功吸收了与 GE 家电有关的技术与市场等优质资源,提升了对白色家电研究与开发的能力,可以很好地优势互补,发挥协同效应。

(二)现金支付对价

HE 在并购 GEA 过程中采用了现金支付方式。2016 年 6 月 3 日,国家开发银行青岛分行发放 33 亿美元并购贷款,助力 HE 集团正式收购 GE。基于与 HE 集团多年以来的良好合作伙伴关系,国开行作为本次并购项目融资行全力支持了此次并购融资项目。HE 海外并购的顺利交割,离不开国家金融机构的支持。

(三)并购后的整合

中国企业"走出去"进程的初期,企业通常采取"蛇吞象"的并购模式,诸如联想收购 IBM 和 TCL 收购汤姆逊彩电、阿尔卡特手机等。这类并购对双方文化差异重视不足,往往急于将自身的管理模式、企业文化强加给被并购企业,使之变为自身的一部分。尽管也能实现技术、品牌的升级,但是后续的人才流失和并购负担会对企业经营产生较大的影响。相比之下,HE 的整合策略则是以包容为主的"轻度整合",对被并购企业进行融合,而不是统治,主要包括以下几点:

1. 董事会治理

本次并购后,GE 董事会将由并购双方高管团队及两位独立董事组成,双方互相配合,共同指导公司经营和战略的制定。

2. 经营管理独立

本次并购后,GE 继续保持独立品牌运营,并通过建立品牌委员会对其品牌价值进行保护。同时,HE 将充分尊重并信任 GE 现有的管理团队,在保证组织架构和薪资标准不变的前提下，使 GE 在现有管理团队的领导下开展日常工作，保持独立运营。

3. 重视文化融合

对 GE 进行"轻度整合"的最终目的是充分发挥每位员工的最大价值，而不是使之成为企业命令的执行者。在此次并购 GE 后，HE 将尊重美式个人英雄主义的精神，为员工提供全球范围内的职业发展平台，在支持他们自我创新的同时给予试错机会，尽最大力度留住人才。

4. 促进 GE 转型发展

本次并购后，青岛 HE 一方将在双方达成共识的基础上，向 GE 输出"人单合一"的管理模式。

（四）并购后的业绩表现

2016 年 8 月 31 日，青岛 HE 公布上半年年报，自 6 月份收购 GE 以来，青岛 HE 在营业收入和净利润上均出现良好改观：上半年实现营业收入 487.87 亿元，同比增长 3.11%，归属于上市公司股东的扣除非经常性损益的净利润 27.65 亿元，增长 10.19%；其中 GE 家电公司实现收入 31.09 亿美元，同比增长 3.63%。根据青岛 HE 披露的信息，青岛 HE 计划通过后续的整合工作，在未来五年内实现 100 亿元的协同收入，同时还计划在三年内产生超过 10 亿元的成本节约。

三、教学设计

（一）教学目的

通过对本案例的学习，要求学生在理论层面掌握企业并购的相关理论，了解企业并购动机、并购风险以及企业并购后的整合；在实践层面了解 HE 并购 GE 的动机和始末；对该事件进行思想政治层面的思考和总结；在教学层面了解公司财务案例的讲授方法和注意事项；在科研层面了解公司财务案例素材的收集、整理以及案例论文的写作方法。

（二）课程思政

1. 通过对本案例的系统学习，培养学生正确的世界观、人生观和价值观。

2. 要求学生对跨国并购进行思考，分析案例中跨国并购成功的主要原因及事实依据，请学生进行思想道德层面的思考和讨论。

3. 通过对本案例的深入学习，使学生学会思考如何树立正确的社会主义核心价值观。

（三）教学方法

本案例采用的教学方式为"翻转课堂"，具体做法如下：

1. 教学过程中强调学习中的"三环节"，即"预习"+"练习"+"复习"="学习"。

2. "翻转课堂"。让学生组成若干讨论小组，结合案例涉及的知识点进行理论"渗透"和实践"转化"；同时，教师在课堂上采用"翻转课堂"的形式深入浅出地讲解知识，可缩短教与学的距离，让学生学有所获。

（四）教学过程

1. 引导性讲授。由教师做 3—5 分钟的引导性发言，介绍本案例中涉及的相关政策法规、案例背景及专业术语等内容。

2. 案例讲授。由案例小组进行案例的详细介绍。

3. 评论发言。案例讲解结束后，由其他同学对本案例相关内容进行评论。

4. 总结评论。由主讲教师对师生讨论中涉及的问题进行归纳，对引导性讲授内容进行补充，并回答同学和其他教师的提问。

（五）课前准备

1. 教师：熟悉教材和教学大纲；通过"雨课堂""课堂派"等在线平台发放案例资料和要求；组织集体备课，妥善安排课堂的讲授与讨论在内容上的配合；书写教案，再次讲授同样内容时根据前次授课效果及时反馈意见。

2. 学生：课前详细阅读本案例相关内容和要求，相关讨论组需准备好案例讲解资料，非讨论组同学应该充分阅读案例，准备讨论的问题等。

（六）课后要求

1. 了解学生对教学的反应，通过"雨课堂""课堂派"等在线平台对课后作业进行督导，并对普遍性问题及时加以解释。

2. 了解听课教师对自己授课情况的评价和建议，发现问题及时改进。

3. 学生应该及时完成课后作业，通过延伸阅读，搜集相近案例资料，为案例的选材及课程论文和毕业论文的写作积累素材。

四、理论链接和延伸阅读

（一）理论知识

1. 并购对价的支付方式

在实际操作中，并购对价的支付形式有很多，诸如现金支付、股票支付、杠杆收购和卖方融资等，但是就支付方式的种类来说，可以划分为现金支付和股票支付。

（1）现金支付方式

以现金支付并购对价是一种简捷、迅速的并购行为，它由购方支付一定数量的现金来获取被并购方的所有权。现金流动性较强，因而受到那些现金拮据的目标公司的欢迎。但是如果标的资产的价格过高，现金支付往往给企业带来较大的现金压力。同时，依据国外相关税法，如果目标公司接受现金价款，必须缴纳所得税，因而在实务中这类交易占比较低。

（2）股票支付方式

以股票支付并购对价是实务中常见的并购方式，并购方增发新股以换取目标公司的所有权。这样的支付方式可以有效地减少企业的现金流出，保证企业在并购后能保持良好的支付能力，降低财务风险。但是这种方式以稀释股权和每股收益为代价，可能对并购企业的股价和控制权产生一定的影响。

2. 并购动因

（1）实现并购的协同效应

企业参与跨国并购，也是并购双方资产的一种合并。成功的合并可以获得协同效应，使企业并购后从资源配置到经营范围等方面均能取得1+1>2的效果。

（2）获取先进技术和海外资源

因为知识技术产品属于中间产品，外部性较强，所以需要投入较高的成本。因此，经过有效整合目标企业，企业能够以较短的时间吸收先进技术，进而节省这部分的昂贵成本，弥补中间产品市场的空白。

（3）企业战略转型的需要

相对于海外投资建厂，跨国并购所投入的成本低，而且效率高，导致了企业积极开展跨国并购。加上我国政府大力扶持"走出去"政策，以及国内市场的饱和和过剩的生产能力，企业往往积极选择国际化战略，开拓国际市场，进行战略转型。总之，选择跨国并购模式，对于我国企业战略转型有着重要的作用。

（4）提高市场占有率

如果企业采用跨国并购的方式开展国际化经营，能够极大地提升我国企业品牌的国际影响力，并依靠目标企业的销售网络及品牌效应，提高自身在国外市场的占有率。

（二）延伸阅读

［1］蒋冠宏．我国企业跨国并购真的失败了吗？——基于企业效率的再讨论［J］．金融研究，2017（04）：46—60.

［2］程聪，谢洪明，池仁勇．中国企业跨国并购的组织合法性聚焦：内部、外部，还是内部+外部？［J］．管理世界，2017（04）：158—173.

［3］谢洪明，张倩倩，邵乐乐，吴华飞．跨国并购的效应：研究述评及展望［J］．外国经济与管理，2016，38（08）：59—80.

［4］李诗，吴超鹏．中国企业跨国并购成败影响因素实证研究——基于政治和文化视角［J］．南开管理评论，2016，19（03）：18—30.

［5］贾镜渝，李文，郭斌．经验是如何影响中国企业跨国并购成败的——基于地理距离与政府角色的视角［J］．国际贸易问题，2015（10）：87—97.

［6］王淑娟，孙华鹏，崔淼，苏敬勤．一种跨国并购渗透式文化整合路径——双案例研究［J］．南开管理评论，2015，18（04）：47—59.

［7］田海峰，黄祎，孙广生．影响企业跨国并购绩效的制度因素分析——基于2000—2012年中国上市企业数据的研究［J］．世界经济研究，2015（06）：111—118.

［8］孙华鹏，苏敬勤，崔淼．中国民营企业跨国并购的四轮驱动模型［J］．科研管理，2014，35（10）：94—100.

［9］余鹏翼，王满四．国内上市公司跨国并购绩效影响因素的实证研究［J］．会计研究，2014（03）：64—70.

参考文献

［1］陈运平，颜晓燕，王丽芳等．财务管理案例［M］．大连：东北财经大学出版社，2019.

［2］付皓健．浅议企业在跨国并购中的财务风险［J］．现代商业，2018，494（13）：142—143.

［3］方寒雪．中国制造业跨国并购财务绩效的影响因素研究［D］．中南财经政法大学，2018．

［4］孔陇，刘彦钊．"一带一路"战略下企业跨国并购的财务风险分析［J］．梧州学院学报，2019，29（01）：7—11．

［5］刘文姣．中国企业跨国并购财务风险控制研究［J］．经济研究导刊，2019（32）：14—15．

［6］时光林，徐晓辉．跨国并购中的财务风险与防范——以双汇并购史密斯菲尔德为例［J］．商业会计，2017（15）：51—52．

［7］孙欣鹏，王淑梅．跨国并购中的财务风险与防范——以青岛海尔并购通用家电为例［J］．商业会计，2018，635（11）：42—44．

［8］谢文思．我国家电企业跨国并购的财务风险识别及控制研究［D］．河北经贸大学，2019．

［9］袁媛．海尔集团跨国并购中的财务风险控制研究［D］．湘潭大学，2018．

第八章 股票回购与股票分割案例

第一节 股票回购的动机和效应分析——以 A 公司为例

一、案例内容

(一) 引 言

最早股票回购起源于美国。早在20世纪50年代,美国上市公司就出现了股票回购业务。我国由于资本市场起步较晚,股票回购的运用也较晚。早期我国有关股票回购的政策法规不健全,企业进行股票回购主要是参考西方国家经验,成功实施的案例很少。随着我国经济快速发展和资本市场日益成熟,股票回购作为一种新兴资本运作工具受到越来越多上市公司的关注。2005年,我国发布了《上市公司回购社会公众股份管理办法(试行)》,逐步完善了股票回购的法律法规,参与股票回购的企业数量逐渐增多。但股票回购真正在我国普及,是从2008年全球金融危机开始。这场经济风暴导致全球金融体系受到重大影响,西方市场因现金不足进行股票回购的企业减少,但我国很多企业为了减少投资风险、稳定股价,2008年底和2009年初纷纷实施了股票回购,比如阿里巴巴和腾讯通过大额回购来刺激下行的公司股价。近些年,我国陆续出台了一系列政策法规,股票回购业务更加规范,计划股票回购的上市公司数量持续上涨。2018年,证监会、财政部、国资委联合发布《关于支持上市公司回购股份的意见》①,进一步拓宽了回购资金来源,优化了投资者回报机制,鼓励各类上市公司实施股权激励或员工持股计划。据初步统计,2019年在沪深证券交易所打算进行股票回购的579家企业中,350份回购预案中包括股权激励目的,43份涉及盈利补偿,25份涉及市值管理。那么,什么是股票回购?企业股票回购的动机是什么?通过股票回购,可以给企业带来哪些收益?股票回购会产生什么财务效应?

(二) 公司基本情况

A 公司是一家创立于1992年,主要从事工程机械、农业机械等高新技术装备的研发制造。经过二十多年的创新发展,公司逐步成长为一家全球化企业,主导产品覆盖10大类别、56个产品系列、600多个品种,生产制造基地分布于全球各地,在国内拥有十四大工业园区,在意大利、德国、巴西、印度、白俄罗斯投资建有工业园,业务覆盖全球100

---

① 中国证券监督管理委员会公告,2018.

余个国家和地区,产品远销中东、南美、非洲、东南亚、俄罗斯以及欧美、澳大利亚等,在东亚、东南亚、欧洲等全球近20个国家建有子公司,并在全球设立50多个常驻机构,正逐步建立全球物流网络和零配件供应体系。目前,公司积极推进战略转型,打造集工程机械、农业机械和金融服务多位一体的企业集团。

A公司于2000年在深圳证券交易所挂牌上市,2010年在香港联合交易所主板挂牌交易,成为业内首家A+H股上市公司。2012年2月,为了发挥国有经济的引导作用,公司被界定为国有参股公司,同时吸引了更多投资人。截至2019年底,公司第一大股东和第二大股东持股比例分别为17.59%、15.92%,无控股股东或实际控制人。

(三)案例背景

工程机械行业是我国机械行业的一个重要分支。从2002年到2011年,工程机械行业经历了蓬勃发展的时期,中国工程机械产量超过全球的三之一,但这也直接导致了后期我国工程机械行业出现严重产能过剩问题。2013年,国家进行经济结构改革和行业结构调整,工程机械行业再次受到波及,整体经营状况持续下滑,大量客户退单违约,造成企业坏账不断增加,存货大量堆积,龙头企业销量持续负增长,许多小型工程机械企业倒闭,整个行业面临巨大的危机。经历了几年的行业结构调整,2017年工程机械行业走出低谷,逐渐开始回暖。以挖掘机行业销量为例,详见图8-1。

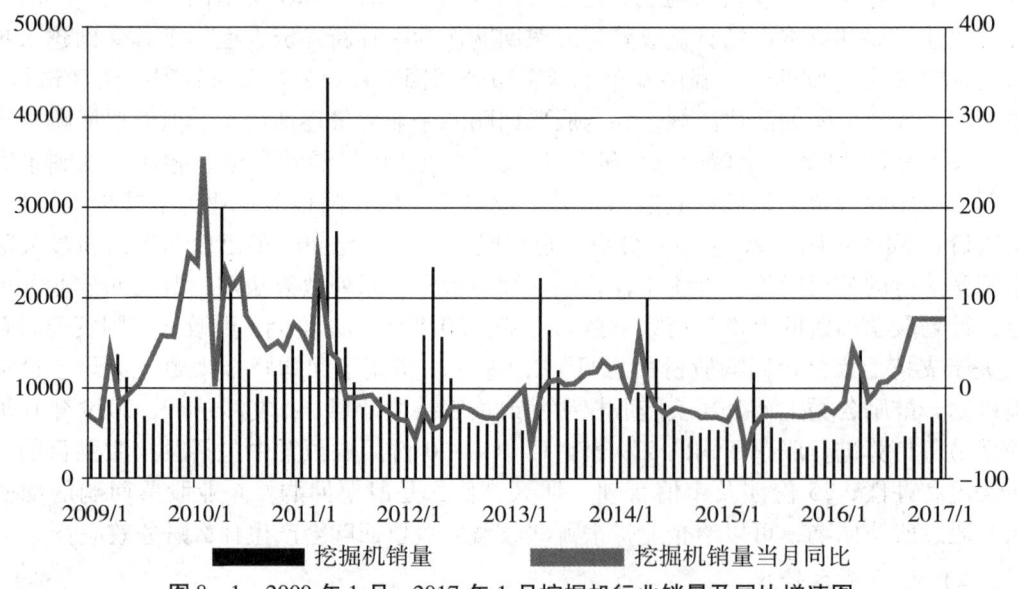

图8-1 2009年1月—2017年1月挖掘机行业销量及同比增速图

数据来源:Wind。

在此大环境下,2012—2016年期间,A公司经营状况也经历了较大波动。2012年,工程机械行业进入发展缓慢时期,A公司面临着巨大危机。由于之前市场形势良好,原材料成本低,公司增加了大量的产成品和原材料库存;但在经济回落的几年里,公司新机销量下降,设备利用率和销量都逐步下滑,从2012—2015年公司财务数据变化(表8-1)

可以看出,公司财务持续恶化。从 2015 年开始,公司推行"三去一降一补"改革,剥离了一些业绩差的行业,2016 年公司经营活动现金净流量由负转正,现金流量表现逐渐变好,投资效率逐渐提高。2017 年,A 公司销售逐渐摆脱了断崖式下滑的困局,由于机械产业原料价格趋于稳定,企业成本得到控制,营业利润、毛利率逐步提升,应收账款和债务下降,并在期末增提了坏账准备,缓解了企业负债压力,避免了资金不足而影响企业经营的局面(见表 8-2)。2017 年 A 公司营业收入达到 232.73 亿元,净利润达到 12.48 亿元,经营活动现金流净额达到 28.51 亿元,现金持有量大幅提高到 714.8 亿元。这主要是因为公司对产业进行了重新布局,以人民币 116 亿元的价格出售了其环境产业公司 80% 的股权,这为公司股票回购提供了充裕的资金支持。

表 8-1 2012—2017 年 A 公司财务数据表(单位:亿元)

财务数据	2012 年	2013 年	2014 年	2015 年	2016 年	2017 年
经营活动现金净流量	29.60	7.37	76.90	33.34	21.69	28.51
现金持有量	200.84	166.57	144.83	114.87	65.74	714.8

数据来源:根据 2012—2017 年 A 公司年报整理得出。

表 8-2 2015—2017 年 A 公司股票回购前经营情况表(单位:亿元)

财务数据	2015 年	2016 年	2017 年
营业收入	207.53	200.23	232.73
净利润	0.91	-9.05	12.48

数据来源:根据 2015—2017 年 A 公司年报整理所得。

(三)案例过程

2016 年 6 月 14 日,A 公司公布股票回购计划。第一次回购发生在 2017 年 5 月 24 日,公司在深圳证券交易所采用集中竞价交易方式完成首次股票回购,回购 A 股 1233.48 万股股份,占公司总股本的 0.16%,成交最高价为人民币 4.32 元/股,最低价为人民币 4.21 元/股,成交总金额为人民币 5328.64 万元(含印花税、佣金等交易费用)。第二次回购发生在 2017 年 5 月 31 日,公司回购股份数量累计为 3,176.06 万股,占公司总股本的 0.41%,成交最高价为人民币 4.41 元/股,最低价为人民币 4.21 元/股,成交总金额为人民币 13,845.82 万元。第三次回购发生在 2017 年 6 月 28 日,累计回购 38,845,086 股股份,占公司总股本的 0.51%。三次回购共花费人民币 16,952.09 万元(含印花税、佣金等交易费用)。截止回购完成,公司股份总数减少到 7,625,287,164 股,普通股减少到 6,225,797,061 股。企业回购造成的股权变动如表 8-3。

表 8－3 股票回购完成后的股权结构变动情况

股份类型	回购前（截至 2016 年 12 月 31 日）		本次回购股份总数（股）	回购完成后（截至 2017 年 6 月 28 日）	
	股份数（股）	比例		股份数（股）	比例
一、有限售条件股份	11,819,767	0.15%	0	11,283,017	0.15%
二、无限售条件股份	7,652,312,483	99.85%	38,845,086	7,614,004,147	88.85%
1. 人民币普通股	6,264,105,397	81.7%	38,845,086	6,225,797,061	81.64%
2. 境外上市的外资股	1,388,207,086	18.11%	0	1,388,207,086	18.21%
三、股份总数	7,664,132,250	100.00%	38,845,086	7,625,287,164	100.00%

数据来源：A 公司回购公告。

二、案例分析

（一）股票回购动机分析

1. 增强股东财富

公司回购公告书①中提到，从 2011 年下半年起，我国工程机械行业进入低迷时期。但随着新型城镇化建设渐次展开，传统周期行业去产能带来的结构性转向，工程机械行业逐步探底企稳。截至 2016 年 6 月 8 日，公司 A 股收盘价人民币 4.09 元/股，对应于 2015 年末每股净资产的市净率为 0.79 倍，股票整体估值较低。为提升股东回报水平，增强投资者信心，同时为完善股价稳定机制以应对市场风险，维护投资者权益，在综合考虑公司财务状况和业务发展等相关因素的基础上，A 公司宣布以自有资金回购部分 A 股社会公众股股份，并相应减少公司普通股股本。此外，当时公司刚完成资产重组，展开了新的战略布局，巩固了在工程机械行业中的地位，公司开始扭亏为盈，公司管理层认为这是进行股票回购的最佳时机，可以提高股东的投资回报率，维护股东利益。通常，股东财富可以通过公司股票价格来反映。从图 8－2 可知，从 2016 年 5 月开始，大盘股价下降明显，A 公司股价骤跌，股东权益明显减少；但回购预案发布后，公司股价持续拉开，回购前曾一度达到 4.93 元/股，公司股东财富随之增加。

---

① 《关于回购部分 A 股社会公众股份实施完成的公告》，2017.6。

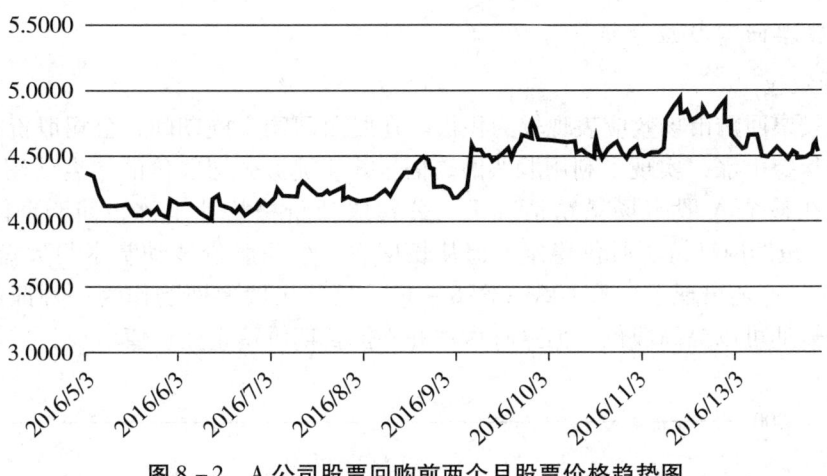

图 8-2　A 公司股票回购前两个月股票价格趋势图

数据来源：Wind。

2. 稳定股价并向市场传递积极信号

股票回购被认为是公司管理层向股东传递信号的一种方式。当股票市值被市场严重低估时，公司可通过公开市场回购一部分股票，引导市场投资者重新评估企业。A 公司管理层认为，在国内股市下跌的影响下，公司股票价格与公司价值并不相符，当前持续低迷的股价不能反映公司的真实价值，公司发展前景严重被低估，并且股价持续下跌也对公司资产结构产生负面影响。随着股价下跌，公司所有者权益减少，财务风险随之增大。因此，公司选择股票回购来增强投资者信心，引导投资者正确评估公司价值，保持公司的市场形象。此外，A 公司采用自有现金进行股票回购，表明公司收入除了足以维持日常运转外，仍有一部分盈余可以回购股票。这一举动向市场传递了积极信号，进一步稳定了公司股价。

3. 实行员工持股计划

股权激励是企业应对低迷的二级市场，提升公司估值的重要手段之一。2005 年中国证券监督委员会发布《上市公司股权激励管理办法》后，实行股权激励的上市公司数目逐年上升。A 公司在 2017 年度第七次临时会议上审议通过了《关于 2017 年股票期权与限制性股票激励计划首次授予相关事项的议案》，向 1231 名激励对象定向发行限制性股票 171,568,961 股。截至 2017 年 12 月 15 日，最终确定的股权激励对象人数为 1192 人，限制性股票股数减少到 168,760,911 股，均为境内上市人民币普通 A 股，每股面值 1 元，发行价格每股 2.29 元，公司总股本 779,405 万元。根据我国法律要求，用来实施员工持股计划的股份回购比例不得超过总股份的 5%，此次实际回购股份仅占总股本 0.02%，符合要求，公司将回购的股份用于员工持股计划。

4. 降低代理成本

2017 年，A 公司卖出部分环境产业股权后，获得很多流动资金。如果管理层为了自身利益而进行低收益投资，则会增加管理者与所有者之间的成本，损害股东利益。但如果选择股票回购，既可以降低企业代理成本，又能增加股东财富，增加公司价值。

(二) 股票回购效应分析

1. 市场效应

A 公司股票回购市场效应表现较为积极。在股票回购实施期间,公司股价在大盘情况不佳情况下保持上涨,实现了利用股票回购信号效应提振公司股价的初衷(图 8-3)。回购结束后,在整个 A 股市场暴跌情况下,公司股票价格快速上涨,回购期间甚至达到 5.04 元/股,短期内维持了股价稳定。但从长期看,公司股价波动基本与大盘保持一致,甚至在 2017 年底还出现了严重下跌(图 8-4),反映出股票回购作为一种证券市场操作手段,虽然短期可以提高股价,但这种做法并不能长期维持企业价值增长。

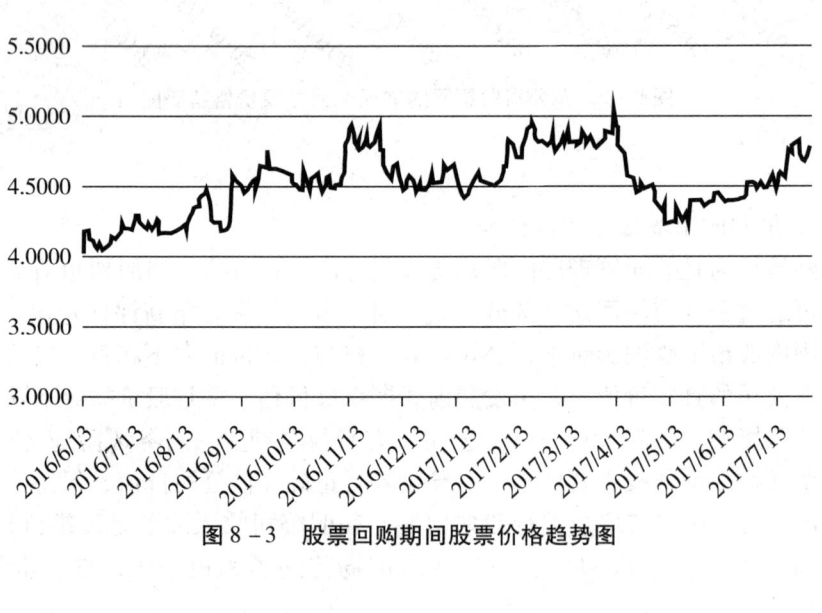

图 8-3 股票回购期间股票价格趋势图

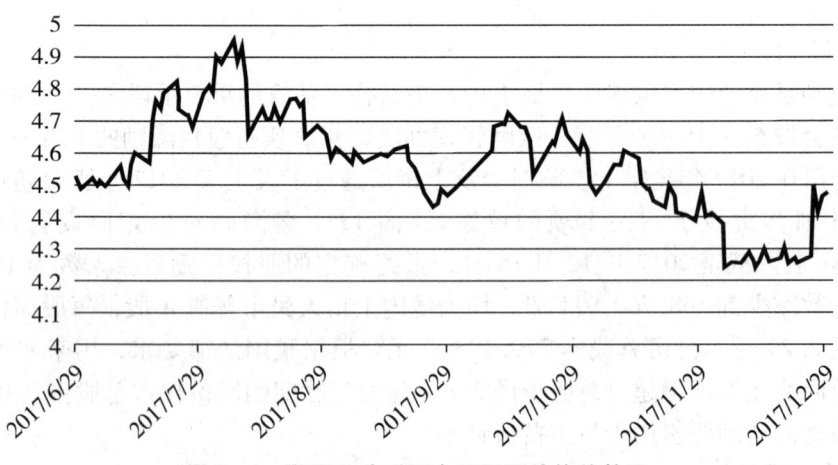

图 8-4 股票回购后五个月股票价格趋势图

2. 财务效应

在偿债能力方面,股票回购并未降低 A 公司偿债能力,反而优化了流动比率、速动比率、现金流动比率等短期偿债能力指标（图8-5），尤其是现金流动比率得到了较大改善；资产负债率、产权比率和长期负债比率等长期偿债能力指标有所好转（图8-6）。股票回购在一定程度上保护了债权人的利益。

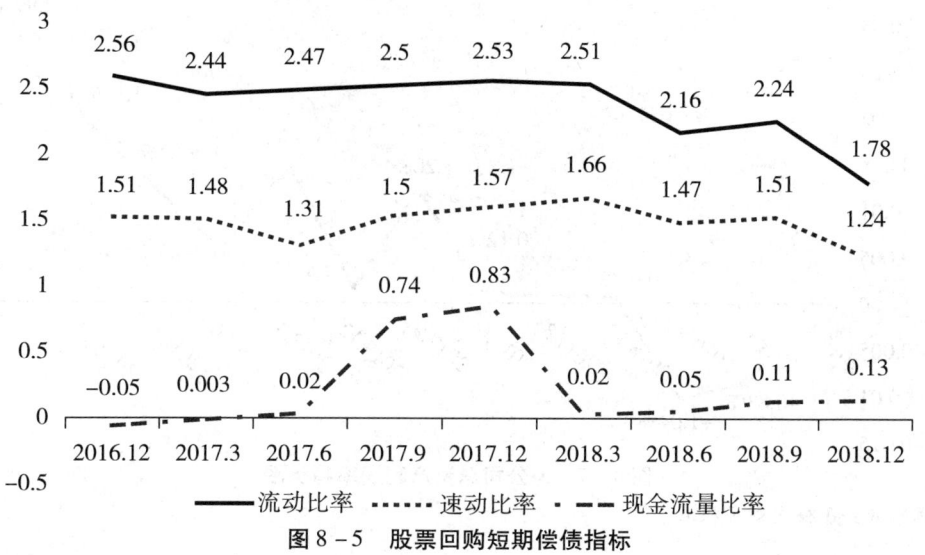

图8-5　股票回购短期偿债指标

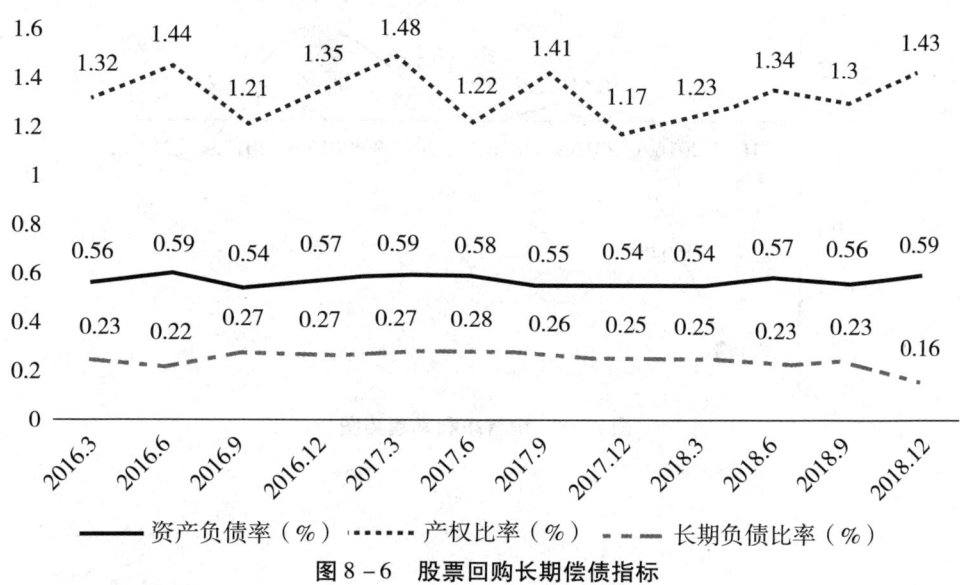

图8-6　股票回购长期偿债指标

数据来源：Wind。

在盈利能力方面，股份回购在一定程度上有利于提高A公司的盈利能力。股票回购缩减了股本总量，减少了公司净资产，优化了资本结构，债务资本比重明显升高，从0.12%直接升到1.20%；公司资金使用效率大幅提高，总资产利润率持续快速上升（图8-7）。

同时，销售净利率、净资产报酬率等指标也得到了明显改善，整体呈上升趋势（图 8 – 8、8 – 9）。

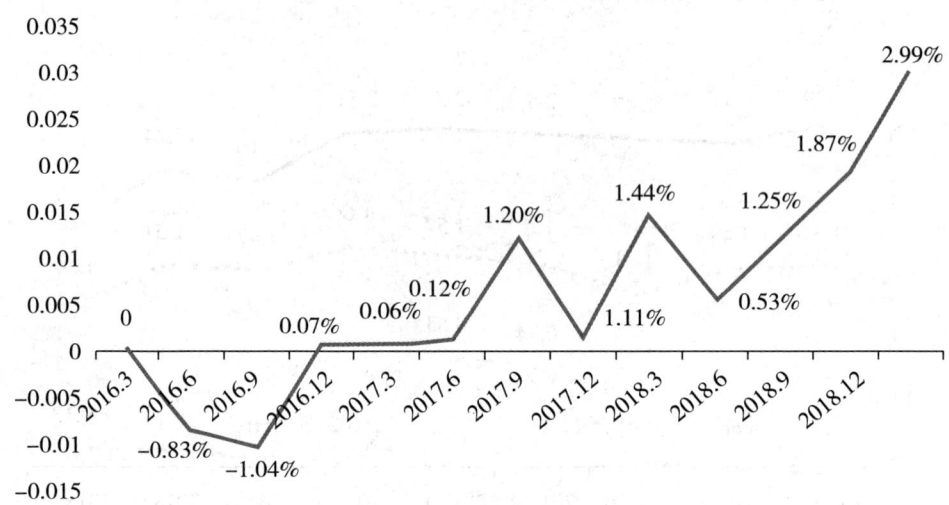

图 8 – 7　A 公司总资产利润率趋势图

数据来源：A 公司财务报表。

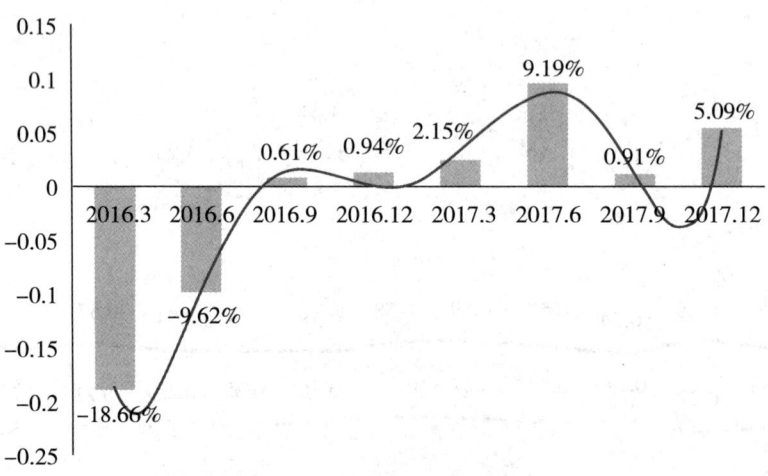

图 8 – 8　销售净利率趋势图

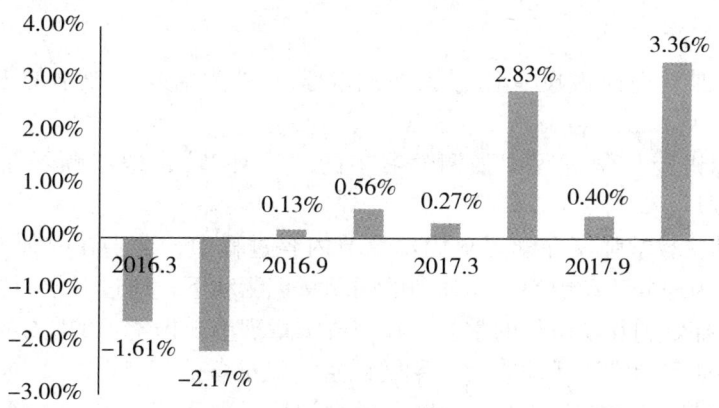

图 8-9 净资产报酬率趋势图

数据来源：A 公司财务报表。

在成长能力方面，此次股票回购短期内提升了 A 公司的成长能力。2017 年 6 月股票回购后，公司主营业务增长率、净利润增长率、净资产增长率大幅提升（表 8-4），此后保持稳步增长趋势，对公司未来发展起到了积极的作用。

表 8-4 A 公司成长能力指标

指标名称（%）	2016 年 6 月	2016 年 12 月	2017 年 6 月	2017 年 12 月	2018 年 12 月
主营业务增长率	-14.83%	-3.52%	42.05%	16.23%	23.30%
净利润增长率	148.50%	132.97%	229.19%	487.65%	56.78%
净资产增长率	-7.10%	-14.10%	-3.07%	3.28%	12.40%

数据来源：A 公司财务报表。

三、教学设计

（一）教学目的

通过对本案例的学习，可缩短教学情境与实际生活情境的距离，做好财务管理理论与社会实践的有效衔接。要求学生在理论层面掌握股票回购的概念、动机和效应，在实践层面了解 A 公司股票回购操作，在思政层面对上述案例中股票回购的实践进行思考和总结，在教学层面了解公司财务案例的讲授方法和注意事项，在科研层面了解公司财务案例素材的收集、整理以及案例论文的写作方法。

（二）课程思政

1. 通过对本案例的系统学习，培养学生正确的世界观、人生观和价值观。
2. 通过对本案例的深入学习，使学生思考如何树立正确的社会主义核心价值观。
3. 通过对本案例的分析，揭示市场风险，揭示企业的社会责任，提高民族自信心和自豪感。

（三）教学方法

本案例采用课堂理论讲授＋任务驱动式教学＋"情景式"教学的方法，具体做法如下：

1. 课堂理论讲授教学过程中强调学习中的"三环节"，即"预习"＋"练习"＋"复习"＝"学习"。

2. 任务驱动式教学强调在学习巩固本章节内容过程中，学生在教师的帮助下，紧紧围绕该章主题作为任务活动中心，在强烈的问题意识驱动下，通过对学习资源的积极主动应用，进行自主探索和互动协作的学习；在完成本章理论知识学习的既定任务时，教师引导学生进行案例研习的实践活动，为"翻转课堂"做准备。

3. 采用"情景式"教学方法。让学生通过阅读、熟悉案例和相关资料，抓住主线，进入事实情境和设定情境，启动自身全部经验、知识和热情，围绕主线、消化案例材料中所含的所有相关信息，最充分、自由地表达意见；同时，教师给学生以适当的分析、提示和启发。

（四）教学过程

1. 引导性讲授。由教师对本节相关理论知识点以提问的方式进行全面回顾。
2. 案例讲授。由教师进行案例的详细介绍。
3. 讨论发言。案例讲解结束后，全班同学对与本案例相关的内容进行讨论发言。
4. 总结评论。由主讲教师对师生讨论中涉及的问题进行归纳，对引导性讲授内容进行补充，并回答同学和其他教师的提问。

（五）课前准备

1. 教师：熟悉教材和教学大纲；通过"雨课堂""课堂派"等在线平台发放案例资料和要求；组织集体备课，妥善安排课堂的讲授与讨论在内容上的配合；书写教案，再次讲授同样内容时根据前次授课效果及时反馈意见。

2. 学生：课前详细阅读本案例相关内容和要求，充分准备讨论的问题。

（六）课后要求

1. 了解学生对教学的反应，通过"雨课堂""课堂派"等在线平台对课后作业进行督导，并对普遍性问题及时加以解释。
2. 了解听课教师对自己授课情况的评价和建议，发现问题及时改进。
3. 学生应该及时完成课后作业，通过延伸阅读，搜集相近案例资料，为案例的选材及课程论文和毕业论文的写作积累素材。

四、理论链接和延伸阅读

（一）理论链接

股票回购是指上市公司在股票市场上回购本公司一定数额的发行在外的股票，可以通过集中竞价、要约回购等方式回购本公司股票，减少本公司已发行在外的普通股数量。

综合国内外资料，股票回购方式主要从五个方面进行划分：①场内公开收购和场外协议收购；②出售资产回购、手持债券置换、优先股置换和债务股权置换股票；③举债回购、现金回购和混合回购；④可转让出售权回购；⑤固定价格要约回购和荷兰式拍卖回购。我国《上市公司回购社会公众股份管理办法试行》[①] 指出，股份回购是指我国上市公司通过公开市场收购、要约收购或者其他方式来购买流通在企业之外的股份，并且回购后要求立即注销，以减少注册资本和总股本。

目前学术界关于股份回购动因的假说主要涉及财务效应理论、信号理论和委托代理理论，彼此相辅相成。

1. 财务效应理论

EPS 假说。该假说认为公司回购减少了流通在外的股票，从而提高了市场对公司每股盈利 EPS 的预期。这种提高的预期会带来公司股价上升。

财务杠杆假说。公司通过回购股票降低了所有者权益，从而提高了财务杠杆，以达到最优资本结构。Vermaelen 认为，当公司借钱回购股份时，事实上是以举债代替发行股票。

税差假说。20 世纪 70 年代美国上市公司通过股票回购向股东发放现金规避政府限制。股票回购给股东带来的资本利得税率比现金股利税率低。公司如借债回购股票，利息费用可以在所得税前扣除，因此能增加股东财富。

财务灵活性假说。股票回购不具规律性，股利发放是持续的；回购股票的公司有较高的暂时性、非经营性现金流，且现金流波动较大。公司为了保证财务上的灵活性，以股票回购代替股利，即避免向股东承诺持续现金流的发放。

2. 信号传递假说

产生于美国大萧条时期，是 20 世纪 70 年代末 80 年代初学术界认同颇多的理论。当时资本市场股价一路走低，投资者对股市失去信心，不愿意投资，对资本市场充满不信任感。该理论认为，股票回购是一种公司管理层向股东传递信号的方式。当股票市值被市场严重低估时，公司可通过公开市场回购一部分股票，引导市场投资者重新评估该企业。

3. 委托 – 代理假说

财富重新分配假说。财富在不同的证券所有者之间和在股东之间转移是股票回购的动机。公司回购在某种程度上相当于将一部分资产清偿给股东，这一行为的直接受害者是债权人。同时，股票回购必须向股东支付一定的溢价。但并非所有股东都参与回购，财富在股东之间也存在转移。

控制权市场假说。公司管理层为了维持自己对公司的控制权，反对敌意收购，以股票回购的形式收回一部分股权。20 世纪 80 年代中期是敌意收购活动极为频繁的时期，回购股票的公司空前增多，为控制权市场假说提供了有力的证据。

经理人股票期权假说。股票期权假说是随着 20 世纪 90 年代股票期权的兴起而产生的。该假说认为公司回购股票是为了实施股票期权计划。Jolls 发现，如果管理层持有较多的股票期权，他们就更愿意进行股票的回购操作。

自由现金流假说。Jensen（1986）提出了自由现金流假说。为了降低自由现金流量带来的代理成本，管理层应该将这些过量的现金发还给股东，因而股票回购被认为是基于这一目的发放现金的方式。

---

① 由中国证券监督管理委员会 2005 年发布。

上市公司实施股票回购动机主要包括：

1. 提升股价

根据 EPS 理论假说，当市场经济状况不佳时，公司价值被低估，股价不能反映公司真实情况。公司以低价回购在外的流通股，使得公司总股数减少，每股收益提高，投资者信心增加，推动股票价格上升。

2. 防止恶意收购

在恶意收购中，被收购方通过实施股票回购将会减少被恶意收购者关注的概率，并通过购回在外的流通股提高自己的控制权，减少收购方在市场中可收购的股份，增加收购方购买股票的难度。通过股票回购也会提高股价，增加收购成本，给收购方造成经济压力。

3. 股权激励

上市公司进行回购后，发布公告展出激励对象名单与原因，并对他们进行股份激励。但用于股权激励的股份数量不可超过公司已发行股份总额的 5%。通过这种手段，可以在不削弱原有股东控制权的前提下，降低公司对员工的激励成本，最大化公司对核心员工的激励效益，缓解利益在股东、经营者和职工间分配不平衡的问题。

4. 强化财务杠杆

股票回购可以优化公司的资本结构。当企业获得大额现金而没有投资目标时，可以运用该资金回购股票，减少企业闲置资金，降低所有者权益。资金减少会提高资产负债率，若公司是通过举债回购则更能够改善企业的权益资本和债务资本比例，有利于降低公司加权平均资产成本，达到改变公司资本结构的目的。

（二）延伸阅读

［1］Hsuan-Chi Chen, Joel T. Harper, Subramanian R. Iyer. Economic Shock and Share Repurchases［J］. North American Journal of Economics and Finance，2018.

［2］Gemma Lee, Ronald W. Masulis. Seasoned Equity Offerings: Quality of Accounting Information and Expected Flotation Costs［J］. Journal of Financial Economics，2009（3）.

［3］YehningChen, Shing-Yang Hu. The Controlling Shareholder's Personal Leverage and Firm Performance［J］. Applied Economics，2007（8）.

［4］Murali Jagannathan, Clifford P Stephens, Michael S Weisbach. Financial Flexibility and the Choice Between Dividends and Stock Repurchases［J］. Journal of Financial Economics，2000（3）.

［5］财政部关于印发《金融企业绩效评价办法》的通知［J］. 中国会计年鉴，2012（1）：682—685.

［6］高伟生. 股票质押式回购业务运行现状、集中度风险及对策——基于供给侧改革视角的分析［J］. 证券市场导报，2016（09）：51—57.

［7］何瑛，黄洁，李娇. 中国上市公司股份回购的经济后果研究——来自 A 股市场 2005—2013 年的经验数据［J］. 经济管理，2014（10）：53—63.

［8］李常青，幸伟，李茂良. 控股股东股权质押与现金持有水平："掏空"还是"规避控制权转移风险"［J］. 财贸经济，2018（04）：82—98.

［9］平怡洁. 梦网集团股票回购的绩效评价［D］. 上海师范大学，2020.

[10] 向秀莉,景辛辛,田晓春.管理者过度自信对股票回购与企业价值影响的实证分析[J].统计与决策,2018(16):175—176.

参考文献

[1] 温丽萍.上市公司股票回购的动因分析及改进建议——以2005~2015年上交所上市公司为例[J].财会月刊,2017(14):90—94.

[2] 吕兆德,杜炳昕.公开市场股票回购:信息传递还是机会主义[J].财会月刊,2016(15):24—29.

[3] 王木之.上市公司私有化行为背后的回购股票动机探讨——基于阿里巴巴网络有限公司股票回购的案例分析[J].会计之友,2012(34):74—77.

[4] 刘东霖,张俊瑞,祁睿华,李彬.股票回购市场反应的影响因素探析——来自中国A股市场的经验证据[J].西安交通大学学报(社会科学版),2009,29(05):23—27.

[5] 尹蘅.中国上市公司股份回购理论分析与现实检验[J].经济与管理,2007(05):61—65.

[6] 谭劲松,陈颖.股票回购:公共治理目标下的利益输送——我国证券市场股票回购案例的分析[J].管理世界,2007(04):105—117.

[7] 梁丽珍.上市公司股票回购的公告效应及动因分析[J].经济与管理研究,2006(12):63—69.

[8] 刘钊,赵耀.上市公司股份回购的动因分析及政策建议[J].证券市场导报,2005(12):40—47.

[9] 徐国栋,迟铭奎.股票回购与公司价值——理论与实证分析[J].管理科学,2003(04):60—64.

[10] 王伟.国有法人股回购的信息内涵及市场识别——"云天化"和"申能股份"公司回购国有法人股的实证研究[J].管理世界,2002(06):109—117.

第二节 股票分割——以Google双层股权结构为例

一、案例内容

(一)引 言

股利分配是财务管理的重要工作内容之一,关系到公司所有者、公司代理人、债权人等各方面的利益分配。上市公司主要采取的股利分配方式有股票分割、现金分红、股票股利等。其中,股票分割是指上市公司按比例地将每股股票进行拆分,可以降低股票面值,增加流动性,有助于提高投资者对公司的信心,是股票市场中常见的操作。随着资本市场的不断发展和完善,上市公司基于不同目的而运用的股票分割日益增多,证券市场出现了一些非常规模式的股票分割,如Google、Facebook等科技创新型公司通过股票分割实现双层股权结构。究竟什么是股票分割？股票分割的动机和意义是什么？股票分割和股票股利有何异同？什么是双层股权结构？双层股权结构的基本特征和作用是什么？

（二）公司基本情况

谷歌公司 Google Inc.（NASDAQ：GOOG）成立于 1998 年 9 月，创始人为拉里·佩奇和谢尔盖·布林，是全球公认最大的搜索引擎公司。Google 是一家位于美国的跨国科技企业，业务包括互联网搜索、云计算、广告技术等，开发并提供大量基于互联网的产品与服务，其主要利润来自 AdWords 等广告服务。2004 年 8 月，Google 在美国纳斯达克上市。随着公司业务的发展和经营规模的扩大，Google 越来越多地发行股票以筹集资金，加之员工持股计划、股权奖励等新管理方式的运用，公司股权逐渐从原始股东手中分散开来。2012 年，Google 提出以股票分割的方式推行"双层股权结构"，在保持创始人投票话语权和公司控制权的同时，分割出一类不含投票权的股票，以用于员工激励和社会融资。2015 年 8 月，Google 重组创办伞形公司（Alphabet），Google 成为旗下最大子公司，其他所有非谷歌业务统称为 Other Bets。

（三）案例过程

2012 年 4 月，Google 公司宣布 1 拆 2 的股票分割计划。这是公司自 2004 年上市以来的首次拆股计划，每份新股无表决权，以此来保证创始人在拥有相对较少股份的情况下，仍然拥有公司绝对的实际控制权。

2012 年 6 月，公司召开年度股东大会，并批准了股票分割计划。由于此次股权分割计划违背了传统公司治理结构下同股同权原则，股东认为其权益公平性受到损害，因此，谷歌公司面临一系列股东诉讼。直至 2013 年双方才最终达到和解，条件是 Google 公司为股东们承诺业绩目标和相应的补偿，将无投票权的股票在发行后首年的股价与原先股票股价进行对比，以差额是否超过 1% 作为是否补偿的判断标准。若差额超过 5%，补偿标准将提高。

2014 年 4 月 3 日，股票分割计划正式实施，所有在册股东（截止 2014 年 3 月 27 日）所持的每股股票都可换取分割后的两类股票：一类为 Class A（代码 GOOGL），每股拥有一份投票权；一类为新设的 Class C（新设代码 GOOG），不拥有投票权。Google 后期可以在不稀释创始人股份的前提下增发 GOOG 的 C 类股票。还有一类股票被称为 Class B，仅存在于公司内部，该股票每份拥有 10 份的投票权，能够转换为 A、C 类股票，但是 A、C 类禁止转换。B 类股票仅限内部交易，为创始人和高层持有。拉里·佩奇和谢尔盖·布林投票权合计为 56.1%，拥有 B 类股票超过 4900 万股（相对于 A 类股票数量微不足道），仅代表公司 15% 的经济利益。

二、案例分析

（一）股票分割动机分析

1. 促进股票流通和交易

2014 年 4 月 2 日，Google 实施 1 拆 2 股票分割后，公司总股本由原来 3.3 亿股增至了 6.6 亿股。股票分割使流通中的股数增加了一倍，每股净资产也随之下降了一倍，提高了股票的流通性。同时，分割引起公司股票每股市价由原来的 1135.10 美元下降至 571.50 美元，从而降低了中小投资者进入的门槛，吸引更多的投资者成为公司的股东，促进股票的流通和交易，也在一定程度上加大了对公司股票恶意收购的难度。

2. 巩固股东的控制权

通过多年的股权奖励和收购，Google 的创始人表决权已经被严重摊薄，控制权逐步散失。为了巩固创始人的控制权，公司通过非常规的股票分割，创设了"三重股权"制度，A、B、C 三类股票具有不同的表决权；B 股专供创始人，每股拥有 10 份的投票权，由此保留并巩固了谷歌创始人对公司的控制。

3. 传递积极的信号

由于 Google 公司业绩快速增长，股票价格不断攀高。股票分割表明，Google 是成长中的公司，向投资者传递出公司未来业绩保持良好的积极信息。从股价走势看，Google 股票分割后股价上涨，且带动了纳斯达克综合指数上升，有效地提高了投资者对公司的信心。

(二) 股票分割效应分析

1. 股票价格分析

2012 年 4 月 12 日，Google 公司宣布股票分割计划后一周内，A 类股票价值下跌 7.9%，而纳斯达克综合指数也下跌了 1.6%。2013 年 10 月 28 日，法院宣布和解协议后一周内，谷歌公司 A 类股票价格上涨 1.1%，而纳斯达克综合指数当周保持稳定。2014 年 3 月 17 日，公司共发行股票约 3.3 亿股；4 月 2 日正式实施股票分割后，总股数增加至 6.6 亿股，在纳斯达克证券市场常规交易中报收于 $571.50，较前一交易日的收盘价 $1135.10 降低了一半，同期纳斯达克综合指数上涨 1.3%（表 8-5）。

表 8-5 Google 股票分割前后股价对比

日期	Google 股价	纳斯达克综合指数
2012.04.12	$651.01	3,055.55
一周后	$599.30	3,007.56
变动率%	-7.90%	-1.60%
2013.10.28	$1,015.02	3,940.13
一周后	$1,027.14	3,936.59
变动率%	1.10%	-0.10%
2014.03.17	$1135.10	5096.92
2014.04.02	$571.50	5163.18
变动率%	-49.81%	1.3%

数据来源：https://www.macrotrends.net/.

股票分割实施后，同股不同权的两类股票走势呈现一致性趋势（表 8-6）。尽管不具有投票权的 C 类股票价格一直低于具有投票权的 A 类股票，但两类股票的价格差异逐渐减小。主要原因是,从短期看,C 类股权使一部分股票丧失了原先的投票权,股票持有者和投资人意识到两类股票的差异,由此产生了明显股价差异,最大时甚至超过每股 30 美元,市场对公司股权制度安排释放了一些消极信号;但从长期看,双层股权结构给创始人和管理团队更多的治理方式选择,在保持投票决策权和稳定团队的同时,在一定程度上抵制了恶意收购的风险,也可以在资本市场上筹集资金,有利于公司的发展。因此,两类股票差异逐渐缩小并趋同。

表 8-6 2014—2019 年 GOOGL/GOOG 两类股票股价对比

年份	GOOGL 股价均值(美元/股)	GOOG 股票均值(美元/股)	差率	观察日
2014	562.67	552.65	-1.78%	193
2015	619.99	602.01	-2.90%	252
2016	763.06	743.33	-2.59%	253
2017	939.77	921.78	-1.91%	251
2018	1129.14	1120.47	-0.77%	227
2019	1190.70	1187.70	-0.25%	252

数据来源:https://cn.investing.com/equities/google-inc.

2. 投票权分析

通过非常规的股票分割,Google 对公众发行无投票权的 C 类股票,以 1:1 的比例派发给现有股东,所有股票持有人按照持股数量获得同等数量的无投票权股票,也就是公司股东的持股数量将比过去扩大一倍,但原有的股权结构并未改变,联合创始人拉里·佩奇和谢尔盖·布林借此保留了对公司的长期控制。由于持有的 B 类股票投票权是 A 类股票的 10 倍,两人共拥有公司 56.1% 的投票权,享有公司绝对的控制权。即使公司未来再融资,发行无投票权的 C 类股,创始人控制权将不会因为融资行为而被稀释。无投票权的股票类似于普通股发放给员工的报酬。

三、教学设计

(一)教学目的

通过对本案例的学习,可缩短教学情境与实际生活情境的距离,做好财务管理理论与社会实践的有效衔接。要求学生在理论层面掌握普通股票分割和双层股权结构股票分割的概念、动机,在实践层面了解 Google 股票分割的经典操作,在思政层面对上述案例中股票分割的实践进行思考和总结,在科研层面了解公司财务案例素材的收集、整理以及案例论文的写作方法。

(二)课程思政

1. 通过对本案例的系统学习,培养学生正确的世界观、人生观和价值观。
2. 通过对本案例的深入学习,使学生思考如何树立正确的社会主义核心价值观。
3. 通过对本案例的分析,可揭示资本市场的运作方式,培养学生对经济金融信息的敏锐感知能力。

（三）教学方法

本案例采用的教学方式为"翻转课堂"，具体做法如下：

1. 强调案例课程的学习特点要把握"三环节"，即"全面预习" + "积极讨论" + "提炼反思" = "案例学习"。

2. "翻转课堂"。让学生组成若干讨论小组，结合案例涉及的知识点进行理论"渗透"和实践"转化"；同时，教师在课堂上采用"翻转课堂"的形式深入浅出地讲解知识，可缩短教与学的距离，让学生学有所获。

（四）教学过程

1. 引导性讲授。由教师做3—5分钟的引导性发言，介绍本案例中涉及的相关政策法规、案例背景及专业术语等内容。

2. 案例讲授。由案例小组进行案例的详细介绍。

3. 评论发言。案例讲解结束后，由其他同学对本案例相关内容进行评论。

4. 总结评论。由主讲教师对师生讨论中涉及的问题进行归纳，对引导性讲授内容进行补充，并回答同学和其他教师的提问。

（五）课前准备

1. 教师：熟悉教材和教学大纲；通过"雨课堂""课堂派"等在线平台发放案例资料和要求；组织集体备课，妥善安排课堂的讲授与讨论内容上的配合；书写教案，再次讲授同样内容时，根据前次授课效果及时反馈意见。

2. 学生：课前详细阅读本案例相关内容和要求，相关讨论组需准备好案例讲解资料，非讨论组同学应该充分阅读案例，准备讨论的问题等。

（六）课后要求

1. 了解学生对教学的反应，通过"雨课堂""课堂派"等在线平台对课后作业进行督导，并对普遍性问题及时加以解释。

2. 了解听课教师对自己授课情况的评价和建议，发现问题并及时改进。

3. 学生应该及时完成课后作业，通过延伸阅读，搜集相近案例资料，为案例的选材及课程论文和毕业论文的写作积累素材。

四、理论链接和延伸阅读

（一）理论知识

1. 股票分割的定义

股票分割（stock split）是指将面值较高的股票分割成几股面值较低的股票。分割比例可以为2∶1、3∶1或更高，分割后的股票面值或设定价值将会降低。通过股票分割，公司股票面值降低，同时公司股票总数增加，股票的市场价格也会相应下降。因此，股票分割既不会增加公司价值，也不会增加股东财富。

2. 公司进行股票分割的主要动机

（1）通过股票分割使股票价格降低。一些中小投资者由于资金量的限制而不愿意购买价格过高的股票，这将使高价股的流动性受到影响。为了使股价降低，公司就可以采用股票分割的办法。股票分割后，公司股票数量增加，股价降低，股票在市场上的交易会更加活跃。

（2）通过股票分割向投资者传递公司信息。与分配股利一样，股票分割也可以向投资者传递公司未来经营业绩变化的信息。一般来说，处于成长阶段的中小公司，由于业绩快速增长，股价也会不断上涨。此时公司进行股票分割，实际上表明公司未来的业绩仍然会保持良好的增长趋势，这种信息的传递也会引起股票价格上涨。

3. 股票分割与发放股票股利的比较

股票分割与发放股票股利都属于公司股本的扩张政策，二者都会使公司股票数量增加，股票价格降低，并且都不会增加公司价值和股东财富。两者在这些方面十分相似，但也存在明显差异。

（1）股票分割降低了股票面值，而发放股利不会改变股票面值。原因是，股票分割是股本重新分拆，将原来的股本细分为更多的股份，因而每股面值会相应成比例降低。而股票股利是公司以股票形式用实现的净利润向股东无偿分派股利，因此股票面值不会降低。

（2）会计处理不同。股票分割不会影响资产负债表中"股东权益"项目金额的变化，只是股票面值降低，股票股数增加，因而股本金额不会变化，资本公积金和留用利润的金额也不会变化。对于发放股票股利，公司应将股东权益中留用利润的金额按照发放股票股利面值总数转为股本，因而股本金额相应增加，而留用利润相应减少。

4. 双层股权结构

双重股权结构，也称二元股权结构、双重股权制，是指公司将其股份区分为普通股份和具有高表决权的股份两种，每股高表决权的股票比每股普通股有更多的表决权。双层股权结构的核心要素是股权和投票权的分离，本质就是"同股不同权"，通过赋予不同类型股票不同的表决权，帮助创始人及其管理层实现对公司决策权的控制。

在双重股权结构中，一般股票被划分为高、低两种投票权。高投票权的股票每股具有2至10票的投票权，主要由高级管理者所持有；低投票权股票的投票权只占高投票权股票的10%或1%，有的甚至没有投票权，由一般股东持有。作为补偿，高投票权的股票其股利低、不固定或规定一定年限，一般3年后才可转成低投票权股票，因此流通性较差，而且投票权仅限于管理者使用。因此，双重股权结构实质就是高投票权股东通过让渡部分或全部分红权以获得更多表决权的制度安排。

（二）延伸阅读

[1] Loughran, T., Ritter, J. R. and Rydqvist, K. Initial Public Offerings: International Insights [J]. Pacific-Basin Finance Journal. 2004. 2 (2/3): 165 – 199.

[2] Sherman, A., IPOs and Long-Term Relationships: An Advantage to Book-building [J]. Review of Financial Studies. 2000. 13 (3): 697 – 714.

[3] Wei He, Qian Wang. The Peer Effect of Corporate Financial Decisions around Split Share Structure Reform in China [J]. Review of Financial Economics. 2020.

［4］Stephen A. Ross 等. 公司金融［M］. 北京：机械工业出版社，2019.

［5］郭青青. 类别股的类型化建构及其适用［J］. 河北法学，2016（02）：164—173.

［6］荆新，王化成，刘俊彦. 财务管理学（第8版）［M］. 北京：中国人民大学出版社，2018.

［7］刘海东，东岳. 双层股权结构下的股东利益保护与董事的忠实义务［J］. 论丛，2018（08）：126—135.

［8］马立行. 美国双层股权结构的经验及其对我国的启示［J］. 世界经济研究，2013（11）：32—36.

［9］商鹏. 双重股权结构的制度价值阐释与本土化路径探讨——以阿里巴巴集团的"合伙人制度"为切入点［J］. 河北法学，2016（05）：166—174.

［10］王乐锦，苏琪琪，綦好东. 我国国家特殊管理股制度构建：基于国外经验借鉴的研究［J］. 经济学动态，2018（09）：51—66.

［11］詹雷，严丹荔. 双层股权结构的运用及发展［J］. 财会通讯，2016（02）：47—49.

参考文献

［1］Adam D. Denny. The Shareholder Wealth Implications of Google's Dutch Auction IPO［J］. Journal of Undergraduate Research in Finance，2013（3）.

［2］Baker H. K. and P. L. Gallagher. Managements View of Stock Splits［J］. Financial Management，1980.

［3］Dennis P.，and D. Strickland. The Effect of Stock Splits on Liquidity and Excess Returns：Evidence from Shareholder Ownership Composition［J］. Journal of Financial Research，2003.

［4］Paul Lee. Protecting Public Shareholders：The Case of Google's Recapitalization［J］. Harvard Business Law Review，2015：281-299.

［5］汪青松，肖宇. 差异化股权制度东渐背景下的中小股东保护［J］. 投资者，2018（03）：43—58.

［6］周彦春. 关于股票分割原因的研究综述［J］. 山东纺织经济，2012（02）：72—74.

［7］左盼. 双层股权结构在我国实施的路径研究——以谷歌股票分割为例［J］. 湖北经济学院学报（人文社会科学版），2019（6）：40—42.

第九章 英文案例

Case One M&A Case in English

ANTA Leading Chinese Investor Consortium Acquires Amer Sports

1 Case Contents

1.1 Introduction

With deepening globalization, Chinese enterprises' outbound investment has steadily risen. In 2012, Chinese investors made direct foreign investment in 4425 enterprises in 141 countries and regions, with cumulative non-financial investment totaling USD 77.22 billion. Oversea mergers and acquisitions constitute a main route for Chinese enterprises to go global.

1.2 Oversea M&A of Chinese Enterprises

There are two stages in Chinese enterprises' overseas acquisition. The first stage is that of expanding the overseas market by merging with foreign companies. Chinese enterprise thus can open up the international market by pairing overseas sales channels with the advantages of China's low production cost. The second stage is seeking out resources. Some Chinese enterprises obtain energy or mineral resources through acquisition.

As the world's most populous country, China is a huge market. Alongside economic development, Chinese consumers also expect better quality goods. It should be the trend for Chinese enterprises to expand their share in the domestic market by obtaining, through acquisition, foreign companies' resources, brands, products and management expertise.

1.3 M&A Background of ANTA Leading Chinese Investor Consortium Acquired Amer Sports

1.3.1 Introduction of ANTA

ANTA brand was established in 1991, while ANTA Sports Products Limited (Stock Code: 2020.HK), a leading sportwear company in China, was listed on the Main Board of Hong Kong in 2007. For many years, ANTA Sports has been principally engaging in the design, development, manufacturing and marketing of ANTA sportswear series to provide the mass market in China with professional sporting products including footwear, apparel and accessories. In recent years, ANTA Sports has accelerated its strategy of "Single-Focus, Multi-Brand, and Omni-Channel" to deepen its footprint in the sportswear market in China. ANTA Sports aims to unlock the potential of both the mass and high-end sportswear markets in China by embracing an all-round brand portfolio including ANTA, FILA, DESCENTE, SPRANDI, KINGKOW and KOLON SPORT, and by seizing new opportunities arising in various important retail channels.

Developing Chronicle of ANTA:

1991 ANTA brand was established as Anta(Fujian) Shoes Co., Ltd. which was found in Fujian, China.

1999 ANTA signed with Kong Linghui, a table tennis world champion, and adopted a new slogan "I choose what I like".

2004 ANTA became the official designated sportswear provider for CBA.

2005 ANTA established the first Sports Science Laboratory in China.

2007, 9 November Luis Scola signed an endorsement agreement with ANTA Sports.

Listed on the Stock Exchange of Hong Kong.

2009 ANTA cooperated with the Chinese Olympics Committee, a new milestone in ANTA's development history.

ANTA's acquisition of the famous sports brand FILA marked its expansion to the global market.

2010, 1 August ANTA Sports signs one of the NBA's highest-paid superstars Kevin Garnett as the most powerful endorsed player in China.

2012, 27 June Tailor-made Podium Outfit for the London Olympics Chinese delegation.

2013, 9 October Contracted the NBA superstar Rajon Rondo.

2014, 8 January Tailor-made Podium Outfit for the Sochi Winter Olympics Chinese delegation.

13 October ANTA Sports entered alliance with NBA China to launch co-branded products in China in joint promotion of basketball.

2015, 13 February Contracted the NBA superstar Klay Thompson.

2017, 29 June Tailor-made Podium Outfit for Rio Olympics Chinese delegation.

July ANTA's revenue nearly quadrupled and the estimated market value exceeded HKD 70 billion, making ANTA one of the top three sportswear companies in the world.

29 September ANTA became the official sportswear partner of 2022 Winter Olympics Games and Paralympic Winter Games.

2018, 27 February Market value exceeded HKD 100 billion. Stepped into a "New Decade of Entrepreneurship".

18 October NBA star Gordon Hayward joined force with ANTA.

2019, April ANTA leading Chinese investor consortium acquired Amer Sports.

30 October The IOC announced ANTA as its official sportswear uniform supplier.

1.3.2 Introduction of Amer Sports

Amer Sports is a sporting goods company with internationally recognized brands including Salomon, Arc'teryx, Peak Performance, Atomic, Suunto, Wilson and Precor.

The company's technically advanced sports equipment, footwear, apparel and accessories improve performance and increase the enjoyment of sports and outdoor activities.

Amer Sports' business is balanced through its broad portfolio of sports and products and a presence in all major markets. The offering of sports equipment, apparel, footwear, and accessories covers a wide range of sports, including tennis, badminton, golf, American football, soccer, baseball, basketball, alpine skiing, snowboarding, cross-country skiing, fitness training, cycling, running, hiking, and diving.

Amer Sports sells its products directly to consumers through brand stores, factory outlets, and e-commerce and through trade customers in sporting goods chains, specialty retailers, mass merchants, fitness clubs and distributors. In December 2018, Amer Sports own sales organization covered 34 countries.

Amer Sports strategy emphasizes excellence in consumer-centric product creation. Through continuous research and development, Amer Sports seeks to develop new and better sporting goods that appeal to consumers and its trade customers. Products are designed to improve the performance of athletes, help them achieve their goals, and provide them with more enjoyment from their activity of choice.

In 2018, Amer Sports net sales totaled EUR 2678.2 million. At the end of the year, the Group employed 9489 people.

1.3.3 Introduction of FountainVest

FountainVest Partners is one of the most established independent private equity firms in Asia. The firm focuses on long-term investments in industry leaders, partnering closely with management teams to accelerate growth and create value in various areas including strategy, operations, finance, and capital markets. FountainVest has completed a number of successful landmark investments globally. Sectors of focus include consumer, media & technology, healthcare, industrials, and financial or business services. FountainVest manages capital on behalf of world leading public pensions, sovereign wealth funds, and other institutional investors.

1.3.4 Introduction of Anamered Investments Inc.

Anamered Investments Inc. is an investment vehicle owned by Mr. Chip Wilson, who is a pioneer in vertical retailing and technical apparel. As the founder of Lululemon Athletica Inc., Mr. Wilson is an expert in designing technical fabrications and bringing technical apparel to global markets. Mr. Wilson retains a significant interest in Lululemon Athletica Inc., as well as a well-diversified portfolio of investments in private equity, private companies, public securities, and real estate. Each of the private businesses Mr. Wilson has invested in are nurtured and supported by long-term capital and are held to a high standard of performance, governance, financial return and accountability.

1.3.5 Introduction of Tencent

Tencent uses technology to enrich the lives of Internet users. Tencent's communication and social platforms, WeChat and QQ, connect users with each other and with digital content and services, both online and offline, making their lives more convenient. Tencent's targeted advertising platform helps advertisers reach out to hundreds of millions of consumers in China. Tencent's FinTech and business services support our partners' business growth and assist their digital upgrade. Tencent invests heavily in talent and technological innovation, actively promoting the development of the Internet industry. Tencent was founded in Shenzhen, China, in 1998. Shares of Tencent(0700.HK) are listed on the Main Board of the Stock Exchange of Hong Kong.

2 Case Analysis—Process of M&A

Chinese sports brand ANTA issued a notice at Hong Kong Exchanges on Wednesday 12 September, 2018 that it will make a joint offer with private equity firm FountainVest to acquire its Finnish counterpart Amer Sports. The price is around EUR 4.6 billion(USD 5.3 billion).

One day earlier, Amer Sports announced that it had received a takeover offer from ANTA and FountainVest. Its stock price closed at EUR 34.64, a gain of 20% over the day before. ANTA said it plans to purchase all Amer Sports stocks at EUR 40 per share. ANTA has acquired several popular global brands in recent years, such as DESCENT, KOLON and FILA. Acquisitions have been profitable for the company. In the first half of this year, FILA's growth rate reached 85%, said ANTA CEO Zheng Jie. ANTA Sports' revenue stood at RMB 10.5 billion from January to June, with a gross profit rate of 54.3%.

Mascot Bidco Oy(the "Offeror") has on December 20, 2018 commenced a voluntary public cash tender offer recommended by the Board of Directors of Amer Sports Corporation ("Amer Sports") to purchase all the issued and outstanding shares in Amer Sports that are not held by Amer Sports or any of its subsidiaries(the "Tender Offer"). The acceptance period of the Tender Offer commenced on December 20, 2018 at 9:30 a.m. (Finnish time) and, as a result of the extension announced on February 21, 2019, the acceptance period will expire on March 7, 2019 at 4:00 p.m. (Finnish time) (the "Offer Period"). The Offeror has reserved the right to extend the Offer Period in accordance with the terms and conditions of the Tender Offer.

The Offeror has announced on February 22, 2019 that the extraordinary general meeting of ANTA Sports Products Limited ("ANTA Sports") has resolved to approve the Tender Offer and all the transactions contemplated thereunder, and has thus passed the resolution required by the Tender Offer. The condition to completion of the Tender Offer concerning the approval by the shareholders of ANTA Sports has thus been satisfied. The completion of the Tender Offer is still subject to the satisfaction or waiver by the Offeror of certain other conditions on or prior to the Offeror's announcement of the final results of the Tender Offer including, among others, approval for the completion of the Tender Offer from the Federal Economic Competition Commission in Mexico and the Offeror having gained control of more than 90 percent of the issued and outstanding Amer Sports shares and voting rights.

Following to the completion of a voluntary recommended public cash tender offer for all the issued and outstanding shares in Amer Sports Corporation by Mascot Bidco Oy, ANTA Sports Products Limited, as an indirect shareholder of Mascot Bidco Oy, accounts Amer Sports as part of its investment in a joint venture after the acquisition.

Accordingly, the following Amer Sports' second quarter financial information is included in ANTA Sports' 2019 interim financial report which is published on August 26, 2019:

Q2 net sales from continuing operations were EUR 518.9 million (Q2 2018: 455.1).

Q2 net result was EUR −51.2 million (Q2 2018: −28.9).

Net assets at the end of Q2 were EUR 779.8 million (June 30, 2018: 841.9).

Amer Sports Corporation ("Amer Sports") announced a number of executive leadership changes on September 18, 2020.

Mr. Zheng Jie (James), as the Board Executive Director, has assumed Mr. Takala's responsibilities, supported by the appointment of Mr. Michael Hauge Sorensen as Chief Operating Officer, a newly created role at Amer Sports. The appointments come as Amer Sports enters its next phase of growth.

James, Michael and CFO Mr. Jussi Siitonen will form the Executive Committee of the Company, and will be working closely with the executive team to develop the business, empowering the brands to accelerate growth and adapt to the changing demands of the global market. Key growth initiatives will focus on product development, direct to consumer (DTC) oriented channel operation and digitalization to fully unleash Amer Sports' potential and bring the company to the next level as a leading global premium sporting goods company.

James said, "The changes we have announced today are focused on accelerating the growth of Amer Sports' business and brands. The company has come out of the period of COVID-19 uncertainty and is today in a solid position from which to embark on the exciting next phase of growth." He continued, "Heikki leaves his role as CEO with our great thanks for his leadership over the past ten years and we are delighted that he will be continuing his involvement with the group as a special advisor."

Amer Sports is owned by an investor consortium including ANTA Sports, FountainVest Partners, Anamered Investments Inc. and Tencent Holdings Limited. A spokesperson for the consortium said, "The appointments announced today represent an important next step in the acceleration of our existing growth strategy for Amer Sports and underscore the commitment of the shareholder consortium to helping unlock Amer's tremendous value and growth potential."

3 Case Design

3.1 Learning Objectives

Based on the case study, students are expected to use the principles in Financial

Management and analyze the real case in practice. First of all, students are required to understand the goal of ANTA-overseas-merger case and identify the advantage and disadvantage. Secondly, students are required to analyze the practical choice of ANTA through the process of overseas merger. Last but not least, students should think about the case in ideological and political aspects. Teachers should benefit from reviewing the case and get some ideas of case analysis for academic research purpose.

3.2 Course Ideology and Politics

(1) Make students well educated persons with comprehensive philosophy of the world or of human life.

(2) Through the case study, make sure students can understand the socialist core values.

(3) Think about how to be a responsible investor who is qualified for shareholders.

3.3 Teaching Method

Teacher's Lecture + Student's Scenario Study

3.4 Teaching Process

Teachers make a case introduction lecture. Students then discuss the case scenario and get the conclusion of the case.

3.5 Preparation before Class

Teachers upload the case materials before class via Rain Classroom APP. Students can download the materials and do some research on the related topics.

3.6 Requirement after Class

Students do more research on the case topic, and teachers get the feedback after class.

4 Theoretical Link and Extended Reading

4.1 Principles of M&A

All businesses strive to grow and expand. There are generally two ways a business can get bigger, either through internal growth or external expansion. Internal growth occurs through the regular growth trajectory of an entity, whether by use of new technology, an acquisition of assets, better supply chain management and/or new lines of products. This path often takes time for the company to yield results. The other way companies look to grow is by exploring the option of corporate restructuring. This can be achieved through different types of corporate actions such as mergers, takeovers or acquisitions. The external path way of growth is very popular among companies globally as it helps in crossing trade barriers and building capital across countries.

4.1.1 Merger or Acquisition

A merger or acquisition is one of the most significant corporate events for a company, an action that becomes stamped in its history forever. In an atmosphere of increased competitiveness, this strategy is common for both small and large businesses.

The intention behind such a move or decision is unique to every business, but is based on the principle of creating more value (after combining) than the individual companies are worth individually. The additional value created by the merger or acquisition process is called synergy. Though it sounds simple, the whole process of a merger, takeover or acquisition to create synergy(financial benefit) is daunting. It involves large sums of money, paperwork, government regulations, legalities and accounting procedures.

4.1.2　Difference between Merger and Acquisition

(1) Merger

When one company takes over another and clearly establishes itself as the new owner of the company, the purchase is called an acquisition. A "merger" happens when two firms, often about the same size, agree to operate and go forward as a single company, are said to merge together.

Mergers and acquisitions happen when companies merge with other companies creating a bigger business or to buy another business/company. Businesses do this as a mean to gain a competitive advantage over their competitors. The difference lies in how the purchase is communicated to and received by the target company's board of directors, employees and shareholders. Although they are often used as though they were synonymous, the terms merger and acquisition are slightly different.

Merger is considered to be a process when two or more companies come together to expand their business operations. In such cases, the deal is finalized on friendly terms, both the companies are treated as equal and share the profits equally in the newly created entity. The companies join forces in order to increase the strength of their assets, have a higher market value and consumer base, and ultimately make higher profits. The corporations are jointly owned and are registered as a new legal and different entity.

From the business perspective, there is a whole host of different mergers. Distinguished by the relationship between the two companies that are merging, here are a few types:

Horizontal Merger: Two companies that are in direct competition and share the same product lines and markets.

Vertical Merger: A customer and company or a supplier and company.

Market-Extension Merger: Two companies that sell the same products in different markets.

Product-Extension Merger: Two companies selling different but related products in the same market.

Conglomeration: Two companies that have no common business areas.

(2) Acquisition

An "acquisition" occurs when one company or corporation takes control of another company and rules all its business operations. In this process of restructuring, one company overpowers the other company and the decision is mainly taken during downturns in the economy or during declining profit margins. Among the two, the one that is financially stronger and bigger in all ways "establishes its power". The combined operations then run under the name of the powerful entity who also takes over the existing stocks of the other company.

Acquisitions are actions through which companies seek economies of scale, efficiencies and enhanced market visibility. However, they are often congenial, as all the parties are satisfied with the deal. Other times, the acquisitions are more hostile. Another type of acquisition is a reverse merger, a deal which enables a private company to get listed as a public company with tradable shares in a relatively short period of time.

Regardless of their categories and structures, all mergers and acquisitions have one common goal, that is to create synergy. Synergy makes the value of the combined companies greater than the sum of the two parts. The success of a merger or acquisition depends on the synergy achieved.

4.2 Extended Reading

[1] H Zou. The Determinants of Cross-Border Mergers and Acquisitions(M&As) in Emerging Markets: An Insight into China [J]. University of Manchester, 2006.

[2] S Rossi, PF Volpin. Cross-Country Determinants of Mergers and Acquisitions [J]. Journal of Financial Economics, 2004.

[3] S Punurai. Determinants of Outbound Cross-Border Mergers and Acquisitions by Emerging Asian Acquirers [J]. Unt Theses & Dissertations, 2014.

References

[1] PY Yu, MS Wang. Empirical Research of Domestic Listed Company Overseas Acquisition Performance Influence Factors [J]. According Research, 2014(3).

[2] YY Chen. Review of Overseas Acquisition Performance [J]. Overseas Acquisition Performance, 2004, 5(5).

[3] XY He, YB Lv. Research on Enterprises' Overseas Acquisition Long-Term Performance [J]. Statistics and Decision Making, 2010(24).

[4] MF Ahammada, KW Glaister. The Pre-Acquisition Evaluation of Target Firms and Cross Border Acquisition Performance [J]. International Business Review, 2013(5).

[5] B Aybar, A Ficici. Cross-Border Acquisitions and Firm Value: An Analysis of Emerging-Market Multinationals [J]. Journal of International Business Studies, 2009(8).

[6] I Erel, RC Liao, MS Weisbach. Determinants of Cross-Border Mergers and Acquisitions [J]. Journal of Finance, 2012(3).

[7] H Kiymaz, TK Mukherjee. The Impact of Country Diversification on Wealth Effects in Cross-Border Mergers [J]. Financial Reviews, 2000(2).

[8] L Chai. Analysis of Issues and Countermeasure of Chinese Enterprise Overseas Merger and Acquisition [J]. Reformation & Strategy, 2011.

[9] YF You. Types of Chinese Enterprise Overseas Merger and Acquisition [J]. Time Education, 2011(01).

[10] F Pan. Reasons for Merger and Acquisition of Chinese Enterprise [J]. Youth, 2012.

[11] https://www.investopedia.com.

Case Two　IPO Case in English

iQIYI, Inc. 's IPO in NASDAQ

1　Case Contents

1.1　Introduction

A lot of Chinese companies go public by IPO in NASDAQ with deepening globalization. Chinese enterprises raise funds all over the world. There are 103 Chinese companies' IPOs in NASDAQ until Dec. 15, 2019. We can check the list of the 10 biggest IPOs of all time. Only one U.S.-based company made the top five. Chinese companies comprise three of the top five IPOs.

1.2　iQIYI's IPO in NASDAQ

After 8 years' hard working, iQIYI went public on the NASDAQ exchange on March 29, 2018, raising about USD 2.25 billion for a valuation of USD 12.7 billion. iQIYI announced that it would spend 50% of raised fund on video content improvement, and 10% of that on technology improvement. The other 40% would be used as working capital. iQIYI made a rocky US stock market debut as it launched on the NASDAQ. Shares opened slightly ahead of the USD 18 listing price, before quickly falling back and closing down 14%. But iQIYI chief executive Gong Yu said he was not concerned about the short-term volatility.

1.3　Introduction of iQIYI

iQIYI, Inc. (NASDAQ: IQ) ("iQIYI" or the "Company") is an innovative market-leading online entertainment service in China. Its corporate DNA combines creative talent with technology, fostering an environment for continuous innovation and the production of blockbuster content. iQIYI's platform features highly popular original content, as well as a comprehensive library of other professionally-produced content, professional user generated content and user-generated content. The Company distinguishes itself in the online entertainment industry by its leading technology platform powered by advanced AI, big data analytics and other core proprietary technologies. iQIYI attracts a massive user base with tremendous user engagement, and has developed a diversified monetization model including membership services, online advertising services, content distribution, online games, live broadcasting, IP licensing, talent agency, online literature and e-commerce etc.

Developing Chronicle of iQIYI, Inc.:

2010, 22 April iQIYI was established as QIYI originally by Gong Yu in China.

2011, 1 February Baidu published the financial report which stated that the QIYI had more than 100 million users.

2011, 9 March QIYI reported that they had 148 million users which covered 50% of Chinese Internet video users.

2011, 18 May QIYI provided VIP services for users.

2011, 26 November Brand new name iQIYI was released. Gong Yu became the CEO of iQIYI, Inc.

2012, March iQIYI APP could be used by 9037 types of cell phone and all operating systems. More than 5 million iPad users installed iQIYI APP, and more than 36.8 million cell phone users installed iQIYI mobile APP, which was much more than that of the competitors.

2012, April iQIYI's monthly active users were more than 230 million. More than 6 million iPad users installed iQIYI APP, and more than 40 million cell phone users installed iQIYI APP.

2013, 7 May Baidu acquired PPS video and combined PPS with iQIYI.

2013, 16 July Big data was applied in iQIYI.

2014, 18 April iQIYI was strategically cooperated with Ma Dong Studio, Liu Chung Studio and Gao Xiaosong Studio.

2014, November Xiaomi Corporation strategically invested 1.8 billion to iQIYI.

2015, 23 January iQIYI and NVIDIA set up a deep learning joint laboratory for video.

2015, 4 February iQIYI APP got the most popular APP award.

2015, 22 April iQIYI set up online shopping store.

2015, 16 June iQIYI had more than 5 million VIP users.

2015, 17 June iQIYI and Joy Buy cooperated with online shopping on cloud platform.

2015, 10 July iQIYI sold VIP gift cards in 7-11 supermarket.

2015, 23 July iQIYI had 325 million monthly active users, which was much more than that of the competitors.

2016, 12 February Baidu announced that they would like to buy all stocks of iQIYI. The estimated value of iQIYI was 2.8 billion.

2017, 21 February Baidu bought 3 billion convertible bonds of iQIYI.

2017, December 50.8 million subscribers.

2018, 29 March iQIYI went public on the NASDAQ exchange.

2018, 28 December iQIYI announces addition of online picture books to QiBubble children's entertainment platform.

2019 iQIYI's average mobile MAUs were 476.0 million and average mobile DAUs were 139.9 million. On average, iQIYI users spent 9.6 billion hours per month watching video content on the platform through all devices, and spent 1.6 hours per day per user watching video content on our mobile apps during the year.

2 Case Analysis of iQIYI

Watching online video probably is the future entertainment way. China had 53 Internet companies went IPO oversea during 2018, and there were 4 companies that focused on the online video. By the end of 2018, 32 of these foreign issued stocks fell below issue price, at a very high rate of 61%. In comparison, a high stock premium of iQIYI is 78.4%. Although online video industry has a relatively low net profit, iQIYI performed very well in the capital market. There are several reasons why iQIYI performed very well.

2.1 Independent Operation Mode

Even though Baidu was the biggest stockholder of iQIYI, iQIYI holds its own independent operation system. Almost all of the important strategy planning decisions were made by Gong Yu. Besides, Baidu has provided iQIYI with technology and infrastructure support.

2.2 Original Video Content

iQIYI established a track record of producing blockbuster original content, and its video partners provide iQIYI with quality content that satisfy various user viewing preferences. *The Lost Tomb*, released in 2015, was one of the first high-budget original Internet drama series in China. Since 2015, iQIYI had released many award-winning multi-genre original titles, such as *The Mystic Nine*, *Burning Ice*, *Story of Yanxi Palace* and *The Thunder*. iQIYI also pioneered and produced a number of Internet variety shows that are highly popular, such as *The Rap of China*, *Idol Producer*, *The Big Band* and *Qipa Talk*, the last of which iQIYI released in 2014 and currently is in its seventh season. Leveraging on iQIYI's initial success, it has extended selected popular titles into multi-season format. These original video contents are very attractive to netizen. Therefore, netizen would like to pay money to watch these video contents.

2.3 Paid Content Subscription Business

iQIYI has developed a diversified monetization model to capture multiple opportunities arising from the rapid growth of the online entertainment industry in China. It generates revenues through membership services, online advertising services and a suite of other monetization methods. iQIYI pioneered a large scale of paid content subscription business in China. It appeals to advertisers through broad and efficient user reach, as well as innovative and effective advertising products. iQIYI has proven capabilities of adapting a single popular content title into a variety of entertainment products, creating multiple channels to amplify the popularity and monetary value of the original IP. iQIYI's sophisticated monetization model fosters an environment for high-quality content production and distribution on its platform, which in turn expands its user base and increases user engagement, creating a virtuous cycle.

2.4 AI Technologies in iQIYI

Starting from 2014, iQIYI has started a disruptive revolution in streaming experiences by using many AI technologies. Its AI innovation has permeated every area of video production and operation, which results in a 15% increase in audience rating.

The major areas of AI applications include content creation and production, personalized recommendation, actor searching, customer service and interaction, relevant advertisement, and so on.

Equipped with its deep-learning predictive algorithms and massive user data, iQIYI has developed AI tools to select third-party content. AI technologies also enable iQIYI built a comprehensive content library catering to the diverse tastes of its users, and cultivated emerging content providers. iQIYI's platform also enables content providers to distribute content effectively and monetize their followings through revenue sharing arrangements with it.

iQIYI distinguishes itself in the online entertainment industry by its technology platform powered by advanced AI, big data analytics and other core proprietary technologies. Its core proprietary technologies are critical to producing and procuring content that caters to user tastes, delivering superior entertainment experience to its users, improving operational efficiency, and increasing return on investment for its advertisers and monetization opportunities for content providers.

3 Case Design

3.1 Learning Objectives

Based on the case study, students are expected to use the principles in Financial Management and analyze the real case in practice. First of all, students are required to understand the goal of iQIYI's IPO and identify the advantage and disadvantage. Secondly, students are required to analyze the practical choice of iQIYI's IPO in NASDAQ. Last but not least, students should think about the case in ideological and political aspects. Teachers should benefit from reviewing the case and get some ideas of case analysis for academic research purpose.

3.2 Course Ideology and Politics

(1) Make students well educated persons with comprehensive philosophy of the world or of human life.

(2) Through the case study, make sure students can understand the socialist core values.

(3) Think about how to be a responsible manager who is qualified for shareholders.

3.3 Teaching Method

Teacher's Lecture + Student's Scenario Study

3.4 Teaching Process

Teachers make a case introduction lecture. Students then discuss the case scenario and get the conclusion of the case.

3.5 Preparation before Class

Teachers upload the case materials before class via Rain Classroom APP. Students can download the materials and do some research on the related topics.

3.6 Requirement after Class

Students do more research on the case topic, and teachers get the feedback after class.

4 Theoretical Link and Extended Reading

4.1 Principles of IPO

All businesses strive to grow and expand. When a company grows big enough where it believes it is mature, this company can go public from private via IPO.

4.1.1 What Is IPO

An initial public offering(IPO) refers to the process of offering shares of a private corporation to the public in a new stock issuance. Public share issuance allows a company to raise capital from public investors. The transition from a private to a public company can be an important time for private investors to fully realize gains from their investment as it typically includes share premiums for current private investors. Meanwhile, it also allows public investors to participate in the offering.

Companies must meet requirements by exchanges and the Securities and Exchange Commission(SEC) to hold an initial public offering (IPO). IPOs provide companies with an opportunity to obtain capital by offering shares through the primary market. Companies hire investment banks to market, gauge demand, set the IPO price and date, and more. An IPO can be seen as an exit strategy for the company's founders and early investors, realizing the full profit from their private investment.

An IPO comprehensively consists of two parts. The first is the pre-marketing phase of the offering, while the second is the initial public offering itself. When a company is interested in an IPO, it will advertise to underwriters by soliciting private bids or it can also make a public statement to generate interest.

The underwriters lead the IPO process and are chosen by the company. A company may choose one or several underwriters to manage different parts of the IPO process collaboratively. The underwriters are involved in every aspect of the IPO due diligence, document preparation, filing, marketing, and issuance.

4.1.2 How Does an Initial Public Offering(IPO) Work

Prior to an IPO, a company is considered private. As a private company, the business has grown with a relatively small number of shareholders including early investors like the founders, family, and friends along with professional investors such as venture capitalists or angel investors.

When a company reaches a stage in its growth process where it believes it is mature enough for the rigors of SEC regulations along with the benefits and responsibilities to public shareholders, it will begin to advertise its interest in going public.

Typically, this stage of growth will occur when a company has reached a private valuation of approximately USD 1 billion, also known as unicorn status. However, private companies at various valuations with strong fundamentals and proven profitability potential can also qualify for an IPO, depending on the market competition and their ability to meet listing requirements.

An IPO is a big step for a company as it provides the company with access to raising a lot of money. This gives the company a greater ability to grow and expand. The increased transparency and share listing credibility can also be a factor in helping it obtain better terms when seeking borrowed funds as well.

IPO shares of a company are priced through underwriting due diligence. When a company goes public, the previously owned private share ownership converts to public ownership, and the existing private shareholders' shares become worth the public trading price.

Share underwriting can also include special provisions for private to public share ownership. Generally, the transition from private to public is a key time for private investors to cash in and earn the returns they were expecting. Private shareholders may hold onto their shares in the public market or sell a portion or all of them for gains.

Meanwhile, the public market opens up a huge opportunity for millions of investors to buy shares in the company and contribute capital to a company's shareholders' equity. The public consists of any individual or institutional investor who is interested in investing in the company.

Overall, the number of shares the company sells and the price for which shares sell are the generating factors for the company's new shareholders' equity value. Shareholders' equity still represents shares owned by investors when it is both private and public, but with an IPO the shareholders' equity increases significantly with cash from the primary issuance.

4.1.3　Steps to an IPO in NASDAQ Include the Following

(1) Underwriters present proposals and valuations discussing their services, the best type of security to issue, offering price, amount of shares, and estimated time frame for the market offering.

(2) The company chooses its underwriters and formally agrees to underwriting terms through an underwriting agreement.

(3) IPO teams are formed comprising underwriters, lawyers, certified public accountants (CPAs), and Securities and Exchange Commission (SEC) experts.

(4) Information regarding the company is compiled for required IPO documentation. The S-1 Registration Statement is the primary IPO filing document. It has two parts: The prospectus and the privately held filing information. The S-1 includes preliminary information about the expected date of the filing. It will be revised often throughout the pre-IPO process. The included prospectus is also revised continuously.

(5) Marketing materials are created for pre-marketing of the new stock issuance.

a. Underwriters and executives market the share issuance to estimate demand and establish a final offering price. Underwriters can make revisions to their financial analysis throughout the marketing process. This can include changing the IPO price or issuance date as they see fit.

b. Companies take the necessary steps to meet specific public share offering requirements. Companies must adhere to both exchange listing requirements and SEC requirements for public companies.

(6) Form a board of directors.

(7) Ensure processes for reporting auditable financial and accounting information every quarter.

(8) The company issues its shares on an IPO date. Capital from the primary issuance to shareholders is received as cash and recorded as stockholders' equity on the balance sheet. Subsequently, the balance sheet share value becomes dependent on the company's stockholders' equity per share valuation comprehensively.

(9) Some post-IPO provisions may be instituted.

a. Underwriters may have a specified time frame to buy an additional amount of shares after the initial public offering(IPO) date.

b. Certain investors may be subject to quiet periods.

4.2 Extended Reading

[1] KC Chan, Y Lo. Credit Ratings and Long-Term IPO Performance [J]. Journal of Economics & Finance, 2011.

[2] HS Bhabra, RH Pettway. IPO Prospectus Information and Subsequent Performance [J]. Financial Review, 2010.

[3] SP Ferris, Q Hao, MY Liao. The Effect of Issuer Conservatism on IPO Pricing and Performance [J]. Review of Finance, 2013.

[4] KC Chan, G Li. Prior Banking Relationships and Long-Term IPO Performance [J]. International Review of Economics & Finance, 2022.

[5] DC Brown. Investing in Security Price Informativeness: The Role of IPO Underpricing [J]. Social Science Electronic Publishing, 2013.

[6] J He. The Effect of Investor Sentiment on IPO Pricing: Evidence from China. Fifth International Conference on Economic and Business Management(FEBM), 2020.

[7] DM Gounopoulos, KM Kallias, DM Newton. The Role of Political Connections in IPO Pricing [J]. SSRN Electronic Journal, 2018.

References

[1] S Imam. Equity Valuation Models and Target Price Accuracy in Europe: Evidence from Equity Reports [J]. International Review of Financial Analysis, 2013.

[2] N Demirakos, EG Strong. What Valuation Models do Analysts Use? Accounting Horizon [J]. 2004.

[3] A Banerjee. Real Option Valuation of a Pharmaceutical Company. The Journal for Decision Makers [J]. 2003.

[4] C Imam, S Barker, R Clubb. The Use of Valuation Models by UK Investment Analysts, European Accounting Review [J]. 2008.

[5] TKG Wessels. Valuation: Measuring and Managing the Value of Companies, 2010.

[6] Top 10 Largest Global IPOs of All Time. https://www.investopedia.com/articles/

investing/011215/top-10-largest-global-ipos-all-time. asp.

[7] Deep Analysis: iQIYI's IPO and We Grow Up. https://www. sohu. com/a/226744518_114819.

[8] https://ir. iqiyi. com/investor-overview?c = 254698&p = irol-irhome.

[9] https://www. investopedia. com/terms/i/ipo. asp.

[10] https://www. sohu. com/a/232350732_118796.